·现代供应链管理与创新丛书·

秦 璐◎著

策略

的科学库存

应链库存控制

人民邮电出版社

北京

图书在版编目（CIP）数据

供应链库存控制 ：基于 AI 的科学库存管理策略 / 秦璐著. -- 北京 ：人民邮电出版社，2025. -- （现代供应链管理与创新丛书）. -- ISBN 978-7-115-66348-1

Ⅰ. F253-39

中国国家版本馆 CIP 数据核字第 2025C0D299 号

内 容 提 要

本书从全局视角深入探讨供应链库存优化的理论与实践，旨在帮助读者理解并掌握如何通过科学的决策和策略实现供应链库存优化。

本书对库存优化问题进行分层分析，通过剖析库存的多重结构，以需求特征分析为基础，详细介绍单级和多级供应链下周转库存和安全库存的优化方法，为不同的供应链场景提供合适的库存优化策略。通过将严密的理论基础与丰富的实践案例相结合，本书提供了一套科学、具有可操作性的供应链库存优化分析框架，系统呈现了从理论模型到实际应用的完整路径。

本书不仅适合学术研究人员，也能为供应链管理实践者提供参考。

◆ 著　　　　秦　璐

责任编辑　李士振

责任印制　彭志环

◆ 人民邮电出版社出版发行　　　北京市丰台区成寿寺路 11 号

邮编　100164　电子邮件　315@ptpress.com.cn

网址　https://www.ptpress.com.cn

北京市艺辉印刷有限公司印刷

◆ 开本：700×1000　1/16

印张：12.5　　　　　　　　　　2025 年 5 月第 1 版

字数：218 千字　　　　　　　　2025 年 5 月北京第 1 次印刷

定价：79.80 元

读者服务热线：(010)81055296　印装质量热线：(010)81055316

反盗版热线：(010)81055315

前言

在全球供应链日益复杂、需求变化加速的背景下，库存优化已经成为企业运营的核心挑战之一。地缘政治冲突、突发灾害以及市场波动等外部因素，使得供应链面临中断、交付延误和成本压力等难题。传统库存管理方法往往难以应对这些难题，导致库存过高增加运营负担，或库存不足削弱企业的交付能力。因此，从全局视角优化库存配置，提升供应链的灵活性和响应能力，已成为企业在全球竞争中保持韧性和可持续发展的关键。

在研究前沿方面，库存优化的重点已经从单一企业的内部管理扩展至整个供应链网络，越来越强调协同和系统性设计。多级库存、周转库存和安全库存的优化策略逐渐被企业广泛关注，通过整合这些策略，企业能够在提高服务水平的同时，有效控制成本。然而，在当前的实践中，企业在系统化库存优化工具的应用方面仍存在一定局限性。许多企业缺乏全面的库存优化框架，尤其在应对供应链波动、需求不确定性和信息不对称方面，仍面临操作层面的挑战。

实践中的库存优化工具和方法正朝着智能化、数字化方向发展，未来趋势是将数据驱动的决策与系统化的优化模型相结合。越来越多的企业开始应用集成化平台，利用大数据分析、人工智能和实时监控等技术，提高库存管理的精准性和效率。但仍有许多企业的库存优化还停留在局部改进阶段，系统化应用尚未普及。未来，供应链库存优化将更加强调工具的集成化，企业将需要采用更高效的协同机制和智能化工具，提升全局应对能力。

与此同时，供应链库存优化对人才的技能要求也在不断提升。随着数字化和智能化发展，企业需要具备供应链库存优化系统思维、数据分析和技术整合能力的复合型人才。这些人才不仅需要掌握基础的库存管理技能，还要具备跨领域的知识，能够运用先进工具和方法进行精准的库存决策，并在应对不确定性时具备前瞻性的战略眼光。

从 2020 年开始，我的团队基于商业供应链优化软件 Supply Chain Guru 开发了供应链网络设计与优化、供应链库存优化课程，截至 2024 年 7 月，这些课程已被几十所高校采用，是第二届到第四届全球供应链建模大赛的推荐学习课程，至今已有几万名学生从中受益。除课程之外，大家迫切需要相应的学习和参考图书。为此，继 2024 年初出版的《供应链网络设计与优化》之后，《供应链库存控制：基于 AI 的科学库存管理策略》也与读者见面了。

如果说物流是一座漂浮在海面上的冰山，库存就是隐藏在海面下的冰山。供应链库存优化十分复杂，具有全局性、系统性和动态性的特点，从需求预测、补货策略、库存分布到信息协同、风险控制，库存的每一个决策点都隐藏在若干关系中，充满了不确定性，因此形成了库存优化研究的若干分支。如果不了解库存，可以说就没有真正理解供应链。本书力求从供应链全局性和库存优化理论系统性两个维度，阐述供应链库存优化的理论和方法，提供一套具有前瞻性、系统性、实操性的库存优化框架，避免读者陷入学习库存优化时只见树木不见森林的困境。

本书的出版要感谢供应链管理专业协会（Council of Supply Chain Management Professionals，CSCMP）中国圆桌会议发起人兼首席代表王国文先生，中国交通运输协会李刚秘书长，教育部普通高校物流教指委副主任何明珂教授，北京络捷斯特公司副总经理苏兆河先生，LLamasoft 智模软件公司的余立滔先生、原解决方案总监丁平先生，他们都是中国供应链库存优化方法落地应用的推动者。感谢我的研究团队——杨倩倩、赵祎、聂晓倩、彭婉莹、车葛格、任晓萌严谨而卓有成效的工作，他们成功完成了供应链设计与优化系列课程的开发，为本书的写作奠定了良好的基础。最后要感谢我的家人，当我无法与他们共享周末和节假日时，他们给予了理解和支持，感谢他们为我精心挑选墨水屏显示器，以保护我长时间工作的眼睛。正是源于大家的鼓励和帮助，本书终于得以问世。

期待读者反馈宝贵意见，让我们一起为中国供应链库存优化与发展贡献一点力量。

秦璐

2024 年 10 月

目录

第 7 章 安全库存优化概述

第 8 章 多级安全库存优化

第 **1** 章

供应链库存优化概述

供应链库存优化与单一节点库存优化不同，是对整个供应链网络的库存分布和流动进行优化。供应链库存优化考虑供应链中的不确定性和多个供应链节点库存决策的相互影响，通过平衡多个节点之间的供需关系，兼顾库存、生产、运输等环节的成本和效率，使供应链整体成本最小化和服务能力最大化，实现全局优化。本章将围绕供应链库存优化的核心问题展开讨论，依次分析库存与供应链盈余的关系，库存形成的主要原因，并深入探讨库存优化中的重要决策内容和本书的总体架构，旨在为后续章节的研究奠定基础。

1.1 库存与供应链盈余

供应链由直接或间接地满足顾客需求的各角色组成，供应链形象地描述了产品或原材料从供应商到制造商到分销商再到零售商直至顾客进行链条式移动的过程，这个过程包含了商流、信息流、资金流和物流的传递。

任何一个供应链的主要目的都是在满足顾客需求的过程中为自己创造利润，实现供应链整体价值最大化。那么什么是供应链整体价值呢？我们观察图 1–1 展现的典型供应链就会发现，除了顾客是供应链的付费者之外，其他供应链参与者都是供应链的供应者，他们都要并只能从顾客支付的费用中分得收益。因此我们在顾客与所有供应者之间画一条虚线，这条虚线左侧的所有供应链活动会产生供应链成本，这条虚线右侧是最终需求者，他们的支付构成了供应链全部收益会产生供应链收益。供应链整体价值就是供应链收益和供应链总成本之间的差额，这个差额又被称为供应链盈余，供应链收益也被称为最终产品对顾客的价值（即顾客价值）。

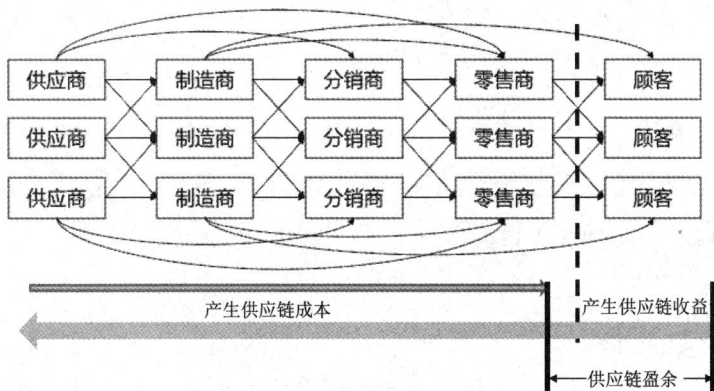

图 1-1 典型供应链

很显然，如果要实现供应链整体价值，就需要提高顾客价值和降低供应链成本，力求以尽可能低的成本达到响应水平的既定目标，提高供应链盈余。供应链盈余由物流和非物流两大因素驱动，如图 1-2 所示。物流驱动因素包括设施、运输和库存，非物流驱动因素又被称为跨职能驱动因素，包含信息、采购和定价等。

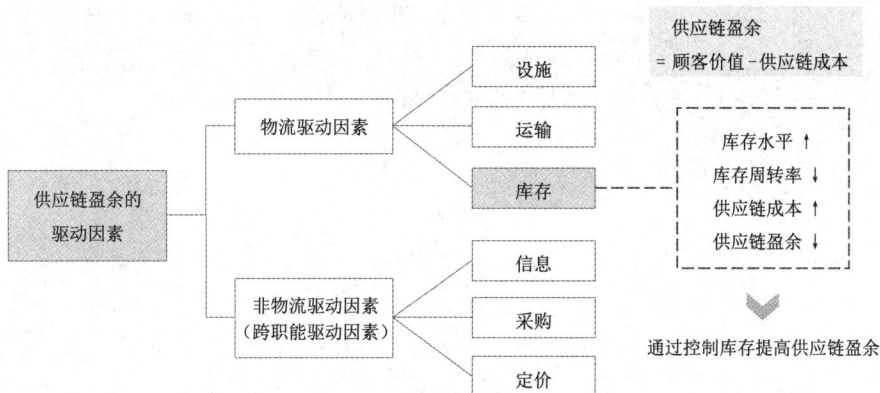

图 1-2 供应链盈余的驱动因素

库存属于物流驱动因素，它不仅是实物概念，还是资金概念。从实物角度，库存是生产和仓储过程中的成品、半成品、零部件、原材料；从资金角度，库存是对资金的占用，是企业的存货资产。供应链的库存水平提高，就意味着占用的资金量变大，在每年资金总量一定的条件下，资金周转次数就会减少，可以理解为用了更多的资金满足同样的需求，资金收益率就会降低。因为库存被卖出之前都是成本，被卖出之后才会产生收益，因此库存水平越高，供应链成本就越高，供应链盈余就越低。相反的情况是供应链中的库存不足，顾客的部分需求将不能被满足，供应链就会丧失部分利润，顾客价值减少。因此，将供应链库存控制在合理水平以降低供应链成本是提高供应链盈余的重要途径之一。

1.2　库存形成原因

库存形成的原因是供给与需求不匹配。图 1-3 中的蓄水池水位状态代表库存。当注水速度和排水速度相同时，蓄水池的水位稳定。如果注水速度与排水速度始终相同，那么蓄水池没有必要存在。当注水速度大于排水速度时，水位上升，极端情况下水可能溢出，称为"胀库"。当注水速度小于排水速度时，水位下降，极端情况下水位可能下降至 0，称为"缺货"。

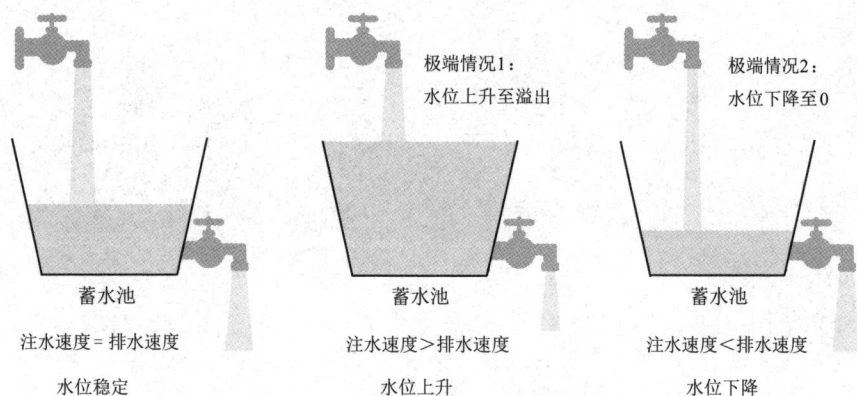

图 1-3　库存形成的原因

注水速度就好比供给，排水速度好比需求，供需完全匹配是理想状态，因为供给和需求都存在不确定性，所以供需不匹配才是常态。因此，供应链中通常都存在库存。

供给的不确定性受很多因素的影响，比如供给端产能约束、规模经济效应、产品价格波动、供应风险预期等。企业为了应对未来需求增加，在有限的产能下提前生产，通过储备库存，使有限的产能也能满足旺季销售需求，降低缺货成本。如果未来需求没有如预期般增长，就会产生供给过剩。规模经济效应是非常普遍的影响因素，会提高供需不匹配的程度，常发生于生产、采购和运输过程中。供应端因为规模经济效应大批量生产以获得较低的单位产品成本，需求端也可能因为诱人的批量折扣价格而进行大批量采购，大运量的运输方式可以显著降低单位运输成本，这些都可能带来大量库存。还有一些原因会形成库存，例如产品价值的波动会使部分卖家囤积居奇，又或者政府为了稳定市场而储备粮肉。除此之外，不可抗力、贸易摩擦、劳资纠纷等因素可能导致供应链中断，企业可能为了防范缺货风险而持有库存。

需求是供应链最不可控的因素之一。需求的不确定性广泛表现在数量、品类、时间、空间等方面，供应链的传导机制导致的牛鞭效应，还可能进一步放大需求的不确定性。库存优化途径之一是尽可能地降低需求的不确定性，比如通过对需求预测方法的研究，提高需求预测的精度，或者通过设计商业模式，竭尽所能地把不确定需求转化为确定需求，比如设计按订单生产模式等。

除了供应端和需求端各自的不确定性外，时间差也是供给和需求之间不匹配的重要因素，空间上的不匹配通过运输的跨越也可以转化为时间问题。图1-4展示了需求产生到被满足的过程。当需求产生时，企业首先检查是否有足够的库存满足需求，如果不满足，将形成需求计划；需求计划经过计划部门汇总和评估形成采购计划，由于受到一系列类似于规模经济效应、采购成本、可获得性、预算等因素的影响，此时的采购计划与需求计划并非完全匹配，可能形成数量差和品类差；采购部门实施一系列采购活动，最后由供应商制定送货计划，送货可能是分批次完成的，通过运输活动交付，补充库存，满足需求。受制于流程的实施和货物在空间上的移动必须消耗时间，需求产生与需求被满足之间的时间差无法完全消除。在这段时间差内，如果想要需求仍被满足，就需要持有一定库存。

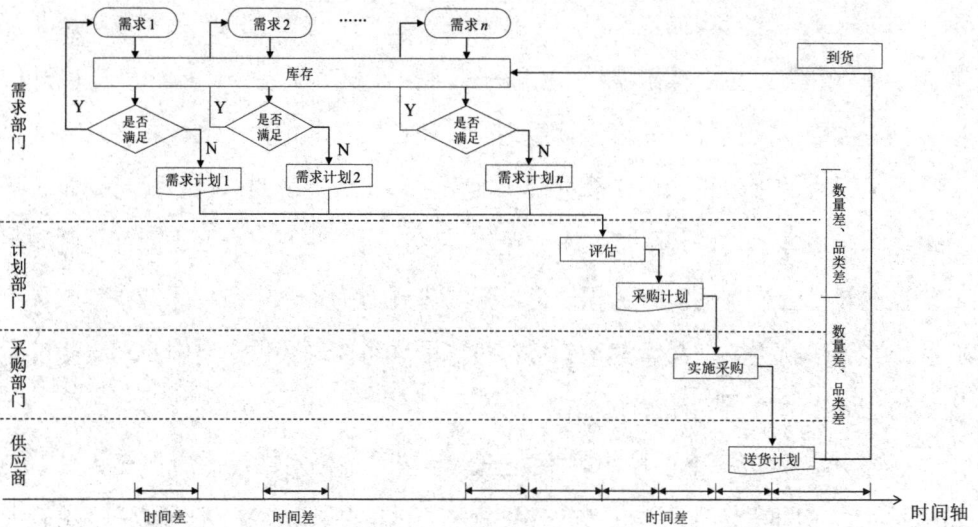

图 1-4 需求产生到被满足的过程

在供应链管理中，我们常常听到"零库存"模式，十分具有代表性的是丰田的准时生产（Just-In-Time，JIT）模式，那么怎么实现"零库存"呢？要理解这个说法，必须区分供应链库存和供应链某个参与者库存的区别。比如丰田的 JIT 模式，其实质是把过去由丰田自己持有的零部件库存转嫁给了供应商。作为链主企业，丰田通过将供需时间差缩短为 0，引致大量的供应商被迫在丰田主机厂附近建立工厂，从而丰田实现了"零库存"的目标，供应商为丰田储存零部件，这仅仅是供应链库存的转移，而不是消除。图 1-5 展示了供应链库存转移方向，库存可能向上或向下转移，也可能双向转移。一个链主企业在供应链上转移库存实际上是向其他供应链参与者转嫁供应链库存成本，并不能带来供应链盈余水平的提高，只有供应链库存的整体优化才能实现更高水平的供应链盈余。

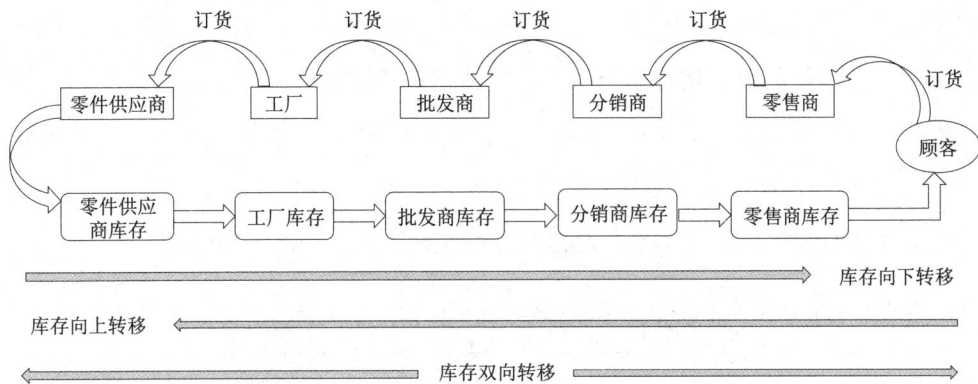

通过JIT模式消除存货资产，将企业的库存转移到供应链上，"零库存"仅仅针对企业而言，供应链库存依然存在

图 1-5 供应链库存转移方向

1.3 供应链库存优化决策内容

供应链实质是交付链，为了实现供应链盈余提高，供应链设计、优化和管理都围绕供应链四种"流"（商流、信息流、资金流、物流）展开，形成了多层次多维度的供应链决策过程。根据决策影响范围和发生频率可以将供应链决策分为供应链战略设计、供应链计划和供应链运作三个层次，库存在这三个层次影响供应链决策。

供应链战略设计层从供应链全局角度出发，确定若干年内供应链节点关系、网络结构、重要流程等，确保供应链从战略架构层面能支持企业实现战略目标。比如确定生产设施和仓储设施结构就属于供应链战略设计的内容。供应链战略设计是长期工作，必须考虑未来几年可预见的市场不确定性。

供应链计划的时间跨度一般为一年，也可以是一个季度，根据企业自身情况和业务而定。供应链计划是对供应链战略执行的中期安排。例如对目标市场的生产数量安排，就是供应链计划的内容。计划阶段需确定供应链在一定时期运作所要遵循的参数。

在供应链运作层，企业根据各个顾客的订单做出决策，目标是以可能的最好方式来处理顾客订单。在运作阶段，供应链配置和计划都是确定的，企业只需要按顾客订单分配存货或安排生产，设置订单交付时间，确定发运模式、卡车交货时间表，以及发出补货订单。因为运作决策是短期（分钟、小时或天）的，所以需求信息的不确定性较低。在结构和计划的约束下，运作阶段的目标是提高效率。

表 1-1 列出了供应链盈余驱动因素和供应链决策内容的对应关系。

表 1-1　供应链盈余驱动因素和供应链决策内容的对应关系

驱动因素	供应链战略设计层	供应链计划层	供应链运作层
采购	采购战略设计 / 战略合作伙伴关系建立	采购计划	采购执行
设施	选址、功能设计、产能设置	市场供应范围计划	设施资源调配
运输	运输价值设计	运输策略计划	订单交付运输调度
库存	商业模式设计	库存存储位置、库存策略计划	库存响应执行
信息	信息系统战略设计	信息系统设计与搭建	信息系统运营
定价	价值定位	定价策略计划	定价方案实施

在供应链战略设计层，库存往往与商业模式设计相关。比如，2012 年天猫利用"双 11"的契机首次在电商平台推出了预售模式，消费者提前 10 ～ 30 天在平台上下单，支付一定数额的订金，获得价格优惠，到"双 11"那天消费者支付尾款，商家发货，消费者收到货物后确认收货。该模式的背后是对供应链库存和资金运用的联合设计。与现货销售的模式不同，预售模式是一种按订单生产的模式，该模式在重型装备制造业供应链中较为普遍，比如飞机的采购和制造，但以前在一般消费品中很少采用，因为常规的认知是普通消费品的可获得性至关重要，如果要消费者等待，企业就可能丧失大量客户。天猫采用预售模式后，商家不需要提前预测需求准备库存，而是根据平台上汇集的规模化订单生产产品，大量的需求成为确定需求，库存成本极大降低。与此同时，消费者支付的订金提前进入支付宝资金池，不仅降低了商家的生产风险，也大幅延长了订金在资金池停留的时间，这部分资金是不需要付息的流动资金，可以进一步增加资金池内的资

金总量和延长停留时间。消费者因为提前订购而获得满意的价格优惠，并愿意为此等待。可见，通过类似于"零库存"的订单拉动型商业模式设计，预售模式下供应链获得了更高的盈余，供应链参与者都分享了更多利润。电商平台的预售模式大约持续了 12 年，虽然该模式在直播"带货"和供应链配套风险等因素的冲击下逐渐淡出，但对供应链库存和资金运用进行联合设计的方法广泛存在于各种商业模式设计之中，它实际上是将商流（交易）、信息流、资金流、物流（交付）四流在时间和空间上结构化重组的过程，是将库存纳入供应链战略设计层的典型应用。

既然库存是因为供需不匹配形成的，那么就需要对供需进行管理，期望尽可能提高供给流和需求流的匹配度，并用合理的供应链库存弥补其中的差距。供应链计划层的库存控制聚焦于通过对供给流和需求流的管理和设计，测算供应链环节中合理的库存分布，对产品流在供应链中的流动和停顿做出安排。供应链库存优化决策的基础是一张供应链网络，而不是单一节点。面对一个多层级的供应链网络，应该把库存放在哪里？是更靠近消费者的配送中心，还是更靠近供应商的分拨中心？每种设施里应该放哪些品类？每种品类放多少合适？供应链中应该存更多的原材料，还是应该存更多的产成品？允许缺货吗？应该保持多少安全库存？供应链计划层需要对诸如此类的问题做出库存优化决策。图 1-6 展示了供应链计划层库存优化决策的常规问题。

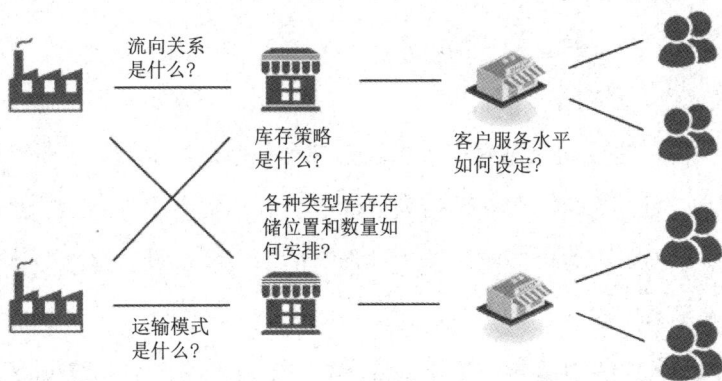

图 1-6　供应链计划层库存优化决策的常规问题

供应链库存优化决策的常规问题如下。

1. 流向关系设计：如何规划供应链中工厂、仓库和零售店之间的物流和信息流，确保货物流转的高效性。

2. 库存策略选择：如何制定适合的库存管理策略，例如安全库存、周期库存等，以满足客户服务水平的要求。

3. 库存定位与数量优化：如何确定各类型库存（例如原材料、在制品、成品）的存储位置和数量分配，以实现成本与服务的平衡。

4. 运输模式的决策：如何选择合适的运输方式（例如公路、铁路或空运），在保证交付速度的同时降低运输成本。

5. 客户服务水平的保障：如何在成本限制条件下确保客户能够获得高水平的服务，以提高客户满意度和供应链整体绩效。

供应链计划层中的库存优化决策可以概括为以下三类。

（1）权衡供应链周转库存

周转库存是满足补货周期内需求的平均库存，它受成本、补货周期的多重影响。如果补货周期长，则需要准备更多的周转库存以满足更长周期的需求，库存成本就会上升；如果补货周期短，库存成本就会下降。然而，更长的补货周期可能意味着可以实现更大批量的订货，从而有机会选择更低价格的运输方式，降低运输成本。因此，需要综合权衡库存成本、采购成本、运输成本、产品价格、补货时间的背反效应，确定供应链网络每个节点的补货策略，包括补货时间、补货量、目标库存水平等内容。

（2）优化供应链安全库存

不确定性带来的波动普遍存在于供应链各个环节，需求波动、供给波动、生产波动、运输时间波动给库存管理带来很大的挑战。安全库存的目的是作为额外缓冲，用于应对因需求或供应的不确定性而可能出现的波动，降低缺货频次，提高客户服务水平。供应链安全库存优化决策的内容主要围绕需求和供应不确定性的应对、客户服务水平的设定、上下游库存分配、多级库存协同等展开，通过制定合适的库存策略，实现满足客户服务水平的多级库存优化，确定在供应链的哪些节点（如仓库、工厂或分销中心）应该持有安全库存，以及每个节点应持有的安全库存量。优化的核心目标是通过合理的安全库存设置，在保证供应链稳定性和客户服务水平的前提下，尽量降低库存持有成本。

（3）寻求既定周期供不应求情境下预建库存方案

受到促销、季节和产能等各种因素的影响，企业常常会在一些时间内出现供不应求的情况。如果需求都可以被预计，就可以提前准备库存。提前准备库存有多种方案，比如提前生产、增加产能，或者从其他途径采购等。此时需要通过比较这些方案，决定哪些产品需要预建库存、何时预建、预建多少、用什么方式预建。

供应链运作层主要面向执行，决策问题包括何时该发出补货订单，何时到货，如何管理这些库存，等等。供应链运作层的库存管理更关注日常运营，为库存任务设定高生产力和效率目标。在供应链运作层有很多成熟的企业资源规划（Enterprise Resource Planning，ERP）软件中的库存管理模块可以使用。库存管理模块包括库存管理和库存优化两大功能，通过集成和自动化手段，帮助企业实现精准的库存管理和高效的库存优化。库存管理功能包括库存记录与分类、库存盘点、库存预警、库存调拨等子功能，库存优化功能包括需求预测、库存优化策略制定、库存周转率分析、库存成本控制等子功能。仓库管理系统（Warehouse Management System，WMS）是 ERP 软件库存管理模块的补充软件，WMS 通过系统化的方式来自动化和优化仓库操作，实现从入库到出库的全流程管理。WMS 包括库存管理、货位管理、订单执行、设备和人员调度等模块，其中库存管理模块负责跟踪和管理库存的实际数量、存储位置、货品状态等。供应链运作层的库存优化偏重于流程，而非决策。

本书研究的供应链库存优化决策聚焦整个供应链的库存分布和响应能力，重点是供应链计划层的周转库存和安全库存决策（属于系统性和全局性决策）。供应链战略设计层的商业模式设计构成供应链库存优化的战略性策略框架，以策略参数或目标的形式融入优化过程。供应链计划层优化结果为供应链运作层提供指导，通过重新定义或调整相关参数和流程，确保供应链运作更加高效和协调。

1.4 本书内容结构

本书分为九章五个模块。前两章是基础模块，主要介绍供应链库存优化的基础知识。第 3 章是供应链需求模块，主要介绍供应链需求特征分析，该方法用于判断供应链需求类型，为供应链库存优化策略选择提供依据。第 4 章到第 6 章是供应链周转库存优化模块。第 4 章介绍周转库存优化的基本知识，第 5 章研究单级周转库存优化方法，第 6 章研究多级周转库存优化方法。第 7 章和第 8 章是供应链安全库存优化模块。第 7 章介绍安全库存优化的基本知识，第 8 章研究多级安全库存优化。第 9 章是综合案例模块，介绍了供应链安全库存优化的案例。本书内容结构如图 1-7 所示。因为本书的内容铺陈具有很强的递进性，建议读者按顺序阅读，便于理解供应链库存优化的整体逻辑。

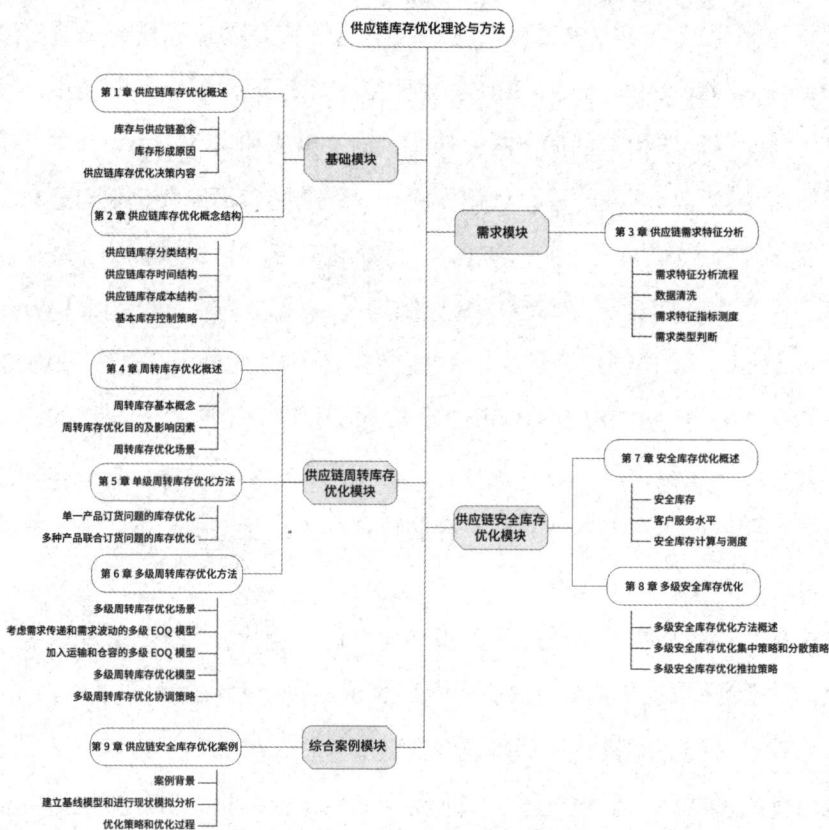

图 1-7 本书内容结构

第 **2** 章

供应链库存优化概念结构

供应链库存优化需要构建清晰的概念框架，以全面理解库存的内涵及优化逻辑，为实践提供理论支撑。本章从供应链层级产品形态、存货流动空间位置、存货目的及库存周期四个角度，对库存类型进行系统分类，形成多维的库存结构体系；通过解析盘点时间、订购时间、补货时间及其衍生的盘点周期、订货周期、补货周期和提前期，揭示时间要素在库存管理中的重要作用；结合库存成本结构，分析成本构成及其相互关联性，为优化决策提供权衡依据；从订货时间和订货数量的不同组合出发，构建库存优化策略的分类框架，梳理主要类型与适用场景。

2.1　供应链库存分类结构

以下用四种分类维度构建一个理解供应链库存类型的结构，以帮助读者清晰识别供应链库存优化对象及其关系。

从供应链层级产品形态、存货流动空间位置、存货目的、库存周期四个由大到小的范畴对供应链库存类型进行划分，形成四组（共十二个）基本概念。

（1）按供应链层级产品形态划分

图 2-1 显示了一个基础的供应链三级结构，库存可分为原材料库存、在制品库存和产成品库存三种类型。这种划分方法体现了供、产、销产品形态变化过程，每一次的形态变化都将带来产品价值升值，由此改变供应链中库存产品价值量。供应链中存放更多的产成品库存会比存放更多的原材料库存占用更多资金。那么供应链各级库存比例和结构应该怎么设置呢？这将涉及更广泛的供应链协同和流程设计安排。

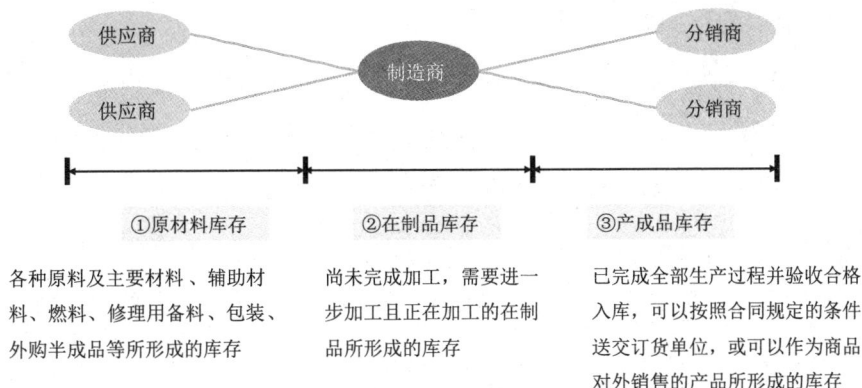

图2-1 基于供应链层级产品形态的库存分类

（2）按存货流动空间位置划分

根据存货在供应链上下游流动的空间位置，库存可以分为在制库存、在途库存和在库库存，如图2-2所示。这种分类维度的视角是下游购买方审视自己已购买库存的空间分布状态，库存有明确的归属。为了理解这组概念，要厘清"在制品"与"在制库存"的区别："在制品"重在描述产品处于制造阶段，没有所有权属性；而"在制库存"描述有所有权属性的产品正处于制造阶段。这种分类维度下的库存指的是购买方可以用来满足需求的既有库存，但是由于库存还在供应链中流动，因此可用来满足需求的时间不同：在库库存可以在最短时间内满足需求，在途库存次之，在制库存满足需求所需的时间最长。按存货流动空间位置划分的库存可以用于计算某个时点或周期购买方已有的库存总量。

①在制库存

领料后，正在生产线上制造还未下线入库的库存

②在途库存

尚未到达目的地、正处于运输状态或等待运输状态而存储在运输工具中的库存

③在库库存

已存储在仓库中的现有库存，可随时发送给生产线或者下游客户，也被认为是可用库存

图2-2 基于存货流动空间位置的库存分类

（3）按存货目的划分

图 2-3 显示了基于存货目的的库存分类。为满足补货周期（供应商两次送货之间）内的需求而设置的平均库存称为周转库存，为预防提前期不确定性和需求不确定性而设置的库存称为安全库存，为应对未来突增需求而预先建立的库存称为预建库存。在每个周期内三类库存构成了库存总量。由于安全库存和周转库存是每个周期都一定存在的库存，所以对安全库存和周转库存的决策成为供应链库存优化决策的核心内容。

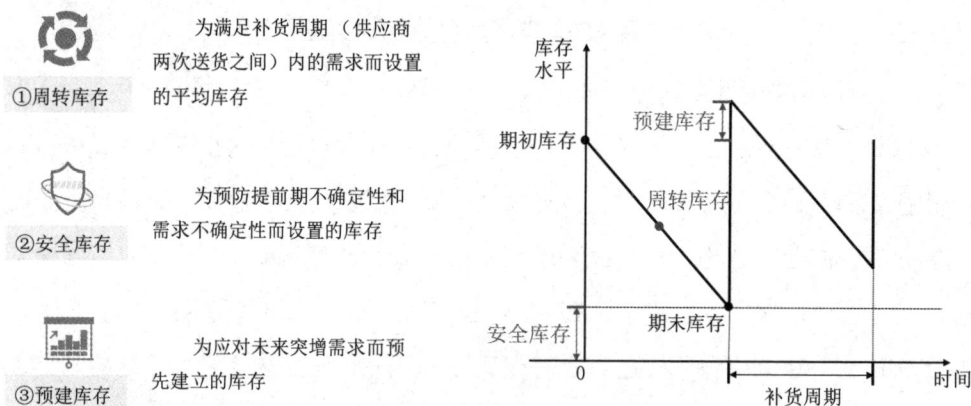

① 周转库存　为满足补货周期（供应商两次送货之间）内的需求而设置的平均库存

② 安全库存　为预防提前期不确定性和需求不确定性而设置的库存

③ 预建库存　为应对未来突增需求而预先建立的库存

图 2-3　基于存货目的的库存分类

（4）按库存周期划分

图 2-4 显示了在一个库存周期内的库存分类，包括期初库存、期末库存和平均库存。库存周期可以是财务会计定义的周期，也可以是补货周期，或者其他根据具体目的划分的周期。平均库存是周期内停留的库存平均值，等于（期初库存 + 期末库存）/2。周转库存也常常被定义为补货周期内的平均库存，但与库存周期内的平均库存并非同一概念。周转库存是补货周期内已满足需求的平均库存，等于（期初库存 - 期末库存）/2。而库存周期内除了周转库存，还有安全库存、呆滞库存等，呆滞库存是指因需求不足、计划失误或市场变化而长期未被消耗或销售的库存，其存在通常无实际用途，因此平均库存一般大于周转库存。该分类维度下的三种库存属于过程变量，常用于对库存的统计。

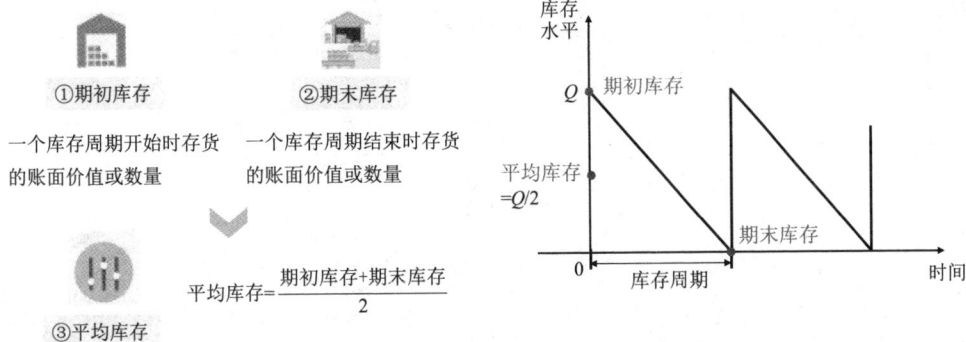

图 2-4　基于库存周期的库存分类

2.2　供应链库存时间结构

时间是供应链库存优化中极为重要的影响因素，任何忽略了时间特征的库存优化都没有现实意义。回顾第 1 章蓄水池的例子，要决定蓄水池是否需要补水，需要先检查水位是否达到补水线，如果达到，则发出补水需求，打开用于补水的水龙头，直到达到补水量。从库存管理角度，检查蓄水池中的水位等同于盘点库存，何时盘点是第一个时间点——盘点时间；发出补水需求等同于订购，何时订购是第二个时间点——订购时间；打开用于补水的水龙头是供货，何时补货是第三个时间点——补货时间。由于供需之间的时间差，这些时间点不一致，它们之间的关系形成了库存管理中的盘点周期、订货周期、补货周期和提前期四大时间概念。

若要掌握系统中真实的库存量（即库存水平），需要对系统内货物进行清点，这就是盘点。相邻两次盘点的时间间隔是盘点周期。在不同盘点周期可以采用不同盘点策略，2.4 节将介绍盘点策略。

图 2-5 显示了订货周期、补货周期和提前期的关系。当盘点时的库存低于设定的订货点时，就会发出订单，订货周期（Order Cycle）是两次订货（发出订单）之间的时间间隔。补货周期（Replenishment Cycle）是供应商两次补货（产品入库）之间的时间间隔，反映了企业补充库存的频率。提前期（Lead time）指发出订单到产品入库之间的时间间隔。提前期包括订单处理时间、生产时间，以及

运输时间。

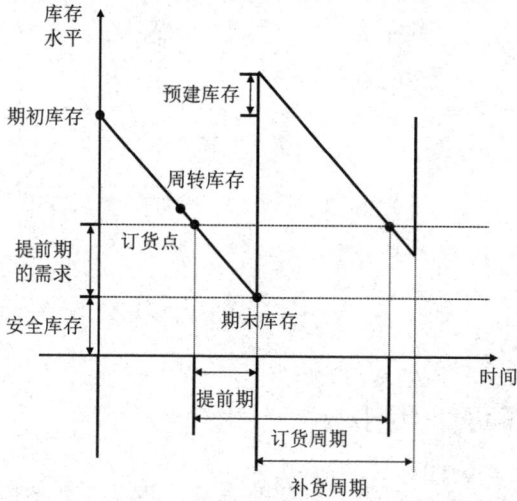

图 2-5 订货周期、补货周期和提前期的关系

在设置补货周期和订货周期时，企业通常会综合考虑提前期与库存消耗的速度。如果提前期较长，企业需要较早发出订单，以确保在库存耗尽之前能够及时收到货物。提前期的长短直接影响订货周期和补货周期。

图 2-5 中提前期短于补货周期，如果提前期延长了，会出现什么情况呢？假定在连续盘点策略下，提前期延长到与补货周期相等，如图 2-6 的"提前期 2"所示。首先看订货点的变化，订货点是决定何时发出订单的关键指标，是由提前期的需求加上安全库存确定的。提前期延长，图 2-6 中订货点从原来的订货点 1 上升到了订货点 2，意味着要用更多的库存来覆盖提前期的需求，以确保在较长的提前期内企业不会缺货。

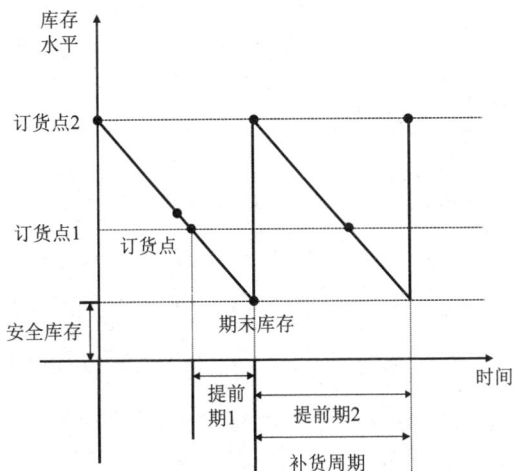

图 2-6　提前期和补货周期的关系对订货点的影响

如果提前期超过补货周期，除订货点会继续上升外，企业还面临在一个补货周期内无法到货的问题。为了应对延长的提前期，企业可能需要一次性下更大的订单，以确保在提前期内不会缺货。这会导致短期内需要动用大量资金来支付采购成本。提前期延长后，企业在预测未来需求和订购数量时将面临更大的不确定性，订货可能会导致库存过剩或不足，企业的订货计划变得更加复杂。

当提前期超过补货周期且存在多次到货的情况时，库存量、订货点和订货周期的计算变得更加复杂。企业需要考虑每一批货物的交货时间差异和库存消耗情况，进行更加精细的库存盘点和订单管理。

在多次到货的情况下，就比较容易理解库存分类中在制库存、在途库存和在库库存的重要作用了。盘点的时候，并非只计算在库库存，还要计算在制库存、在途库存及到库时间，测算提前期内的供给能力。为了应对提前期的延长和多次到货的复杂性，订货周期可能会缩短，以维持更灵活的库存策略，即每次少量下单，确保多次小批量到货。这可以降低单次大批量订货引发的库存积压风险。

如果能够通过优化供应链流程来缩短提前期，或者能够准确预测需求波动，企业就可以更有效地缩短订货周期和补货周期，从而降低库存成本并提高供应链响应速度。提前期、订货周期、补货周期间的复杂关系，是导致库存优化复杂性高的原因之一。

2.3　供应链库存成本结构

供应链库存优化目标是提高供应链盈余，提高客户服务水平。库存成本间存在效益背反效应，供应链库存优化应力求在维持客户服务水平的前提下使库存成本最小化。供应链库存优化必须考虑到多层次的成本，不同节点之间的成本相互关联，降低某一个节点的成本可能会导致其他节点的成本上升。因此，供应链库存优化需要从全局角度来优化整个供应链的库存成本结构。

供应链库存成本由材料成本、订货成本、库存持有成本、缺货成本、运输成本五个部分构成，如图 2-7 所示。

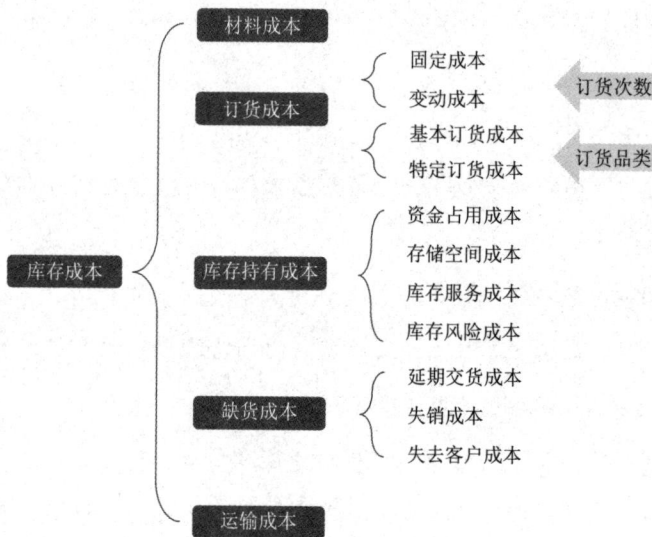

图 2-7　库存成本结构

材料成本（Purchase Cost）是购买产品支付的费用，用产品价格乘以购买数量计算得到，在库存成本中，材料成本往往占比最高。产品价格不变的情况下，购买数量越多，一次性支付的资金就越多。但是由于供应商可能提供批量价格折扣，购买数量越多，购买相同数量的产品支付的资金不一定越多，微小的折扣就可能大幅提升下游企业的购买量。需要注意的是，企业支付的采购成本

（Procurement Cost）不仅包含材料成本，还包括为完成采购所支付的间接成本。比如企业以单位产品价格5元，购买了100单位的产品，那么支付的500元是否是材料成本需要进一步分析。如果是按到岸价结算，那么5元里面就不包含运输成本，运输成本由供应商负担了，500元是材料成本。如果按离岸价结算，500元里有一部分是材料成本，有一部分是运输成本。分清这一点对供应链库存优化建模时区分这两种成本是否包含运输成本是很重要的，这可以防止漏算或重复计算两个站点间的运输成本。

订货成本（Ordering Cost）指从发出订单到收到存货过程中的成本，部分构成项与订货次数有关。从订货次数的角度，订货成本分为固定成本和变动成本。固定成本与订货次数无关，如采购人员的工资等。变动成本与订货次数有关，如向外部供应商采购而发生的办公费、差旅费、邮资、电话电报费、运输费、检验费、入库搬运费等；或向内部工厂发出订单而发生的文书成本、机器调整费、调整后首次生产带来的开工废品费用以及其他取决于订货或生产批（次）数的一次性费用。从订货品类的角度，订货成本分为基本订货成本和特定订货成本。基本订货成本与订货品类无关，每次订货都会发生，是所有品类共同的成本项，如搬运不同的品类，一次入库搬运的人工成本相同。特定订货成本与订货品类有关，如针对某个品类的检验检测费，长大笨重货物出入库时的装卸搬运设备使用费。

库存持有成本（Inventory Holding Cost）指与存储货物数量相关的成本，包括多种不同的组成部分，其中较为普遍的是资金占用成本、存储空间成本、库存服务成本、库存风险成本。资金占用成本是库存产品占用的可以用于其他投资的资金。库存的资金占用成本是指因为持有库存而失去的进行其他投资的机会，可以使用机会成本的计算方法来计算库存资金占用成本：库存资金占用成本＝库存占用资金 × 相关收益率。最保守的相关收益率可以用银行存款利率，库存资金占用成本相当于这笔资金存入银行的利息收益。资金占用成本往往占库存持有成本的大部分。存储空间成本指存放产品的空间使用费用，基于产品数量、占用仓库的空间和时间计算。如果是租用仓库，可以使用租金测算存储空间成本，如果是自有仓库，可以用固定资产折旧和仓容关系测算单位存储空间成本。存储空间成本与库存水平有直接关系。库存服务成本指进出库的装卸搬运成本和因持有库存而需支付的保险费及应缴纳的税金。装卸搬运成本基于出入库的产品数量计算，常表示为分段函数形式。若出入库产品数量在劳动力和生产资料最大能力范围内增长，不会增加人力和机械设备的投入。库存风险成本指库存产品过时贬值、破损变质及丢失被盗，且得不到保险补偿等造成的损失，主要分为废弃成本、移仓成本、损耗成本、破损成本。库存持有成本包含的内容繁多，通常对一定时期内与持有库存相关的成本进行统一测算并汇总后，估算相较于采购成本的百分比，以此作为模型中计算平均库存持有成本的依据。由于供应链内的产品种类繁多，价值差异较大，保管方式也不尽相同，不同周期间也存在差异，所以如果有相应的数据支持，应该计算出不同品类、不同周期的平均库存持有成本，而不是用所有库存、全部周期的库存持有成本的平均百分比替代。

缺货成本是因供货中断而产生的各种损失。如果是产成品缺货，可能丧失销售利润，如果是原材料缺货，可能造成停工损失。根据实际场景，缺货成本可能包含延期交货成本、失销成本和失去客户成本中的一种或者多种。如果供应商延期交货，有可能需要提高送货速度，或者需要进行小规模装运，都将提高运费。缺货可能造成一些客户转为向其他供应商购买产品，这种情况就是失销，利润损失是最重要的失销成本。如果由于企业缺货，客户永远转向其他供应商，就称为失去客户。缺货成本就不再是一次购买的利润损失，而是要计算失去一个客户的总损失。

进行单个节点库存优化时，运输成本不会算作库存成本，但是进行供应链库存优化时，运输成本需要算作库存成本。运输成本对供应链库存成本的影响表现在两个方面：运输批量和运输时效。运输成本计价方式比较复杂，按照运输批量分段计价是最常用的方式之一；另外，受到运输周转器具的尺寸限制，按托盘计价也是常用的方式，因此是否能按单位托盘的容积倍数托运也是影响采购批量的重要因素。运输时效是影响运输成本的另一重要因素。不同的运输方式有显著的价格差异：海运价格最低，但运输速度最慢；航空运输速度最快，但价格很高。即使同一种运输方式，也可能有不同的运输时效，比如"一日达""两日达"

等。运输时效会对供应链上下游产品流动时间产生很大影响，时间缩短，周转率会提高，但运输成本也相应提高。供应链各节点的库存和运输决策是相互依赖的，应该把库存放在离需求多远的范围之内以节约运费，是供应链库存优化需要考虑的问题，从而实现全链条的成本平衡。

供应链库存优化关注全局成本最小化，而非单个节点的局部成本最小化。图 2-8 展示了库存成本、需求、订货批量、补货周期、周转库存之间的关系。库存持有成本和采购成本随着订货批量的增加而上升，订货成本和缺货成本随着订货批量的增加而下降。总库存成本最低的点对应的订货批量被称为经济订货批量。在需求速率不变的情况下，单位订货成本上升，订货成本和缺货成本曲线向上移动，库存持有成本和采购成本曲线不变，订货次数减少，经济订货批量增加为 Q_1。如果库存持有成本和采购成本曲线向上移动，持有的库存越多，总库存成本越高，经济订货批量会减少到 Q_2。

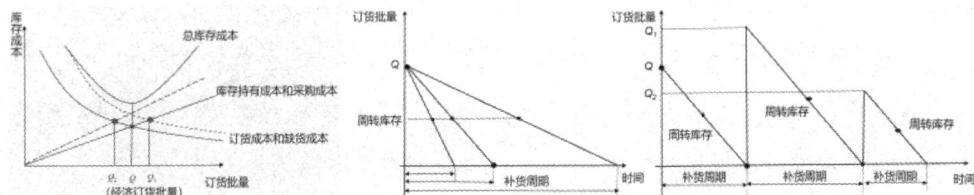

图 2-8　库存成本、需求、订货批量、补货周期、周转库存之间的关系

如果订货批量不变，补货周期内需求量不变，需求速率变得更快或者更慢了，那么补货周期就会相应变得更短或者更长，周转库存反映周期内的平均需求，此时每个周期内的周转库存相同，周期内库存持有成本不变。若补货周期变得更短，在一个固定的时间跨度（比如一年）内的订货次数就更多，订货成本就会增加，库存成本也会增加。

订货批量增加，意味着会用更多的库存满足需求，补货周期就相应被拉长了，周转库存也相应增加，周期内的库存持有成本增加，但订货次数减少，可平衡订货成本增加的压力。订货批量减少，补货周期就会缩短，周转库存相应减少，平衡了单位库存持有成本和采购成本增加的压力，但订货次数相应增加，订货成本增加。

然而，订货批量的确定也非完全可以根据以上因素求最优解，现实中有很多因素限制订货批量的规模。一般有以下两类限制因素要纳入考虑。一类是交易条件约束，比如供应商有最低供货量限制、买方有订货批量的要求等。另一类是供应链经济规模和处理能力约束，比较重要的是运输经济批量、设施设备能力处理批量、包装单元的规模要求。受不同运输工具规模经济效应影响，不同批量梯度有明显的运输成本差异。海运、铁路运输、公路运输、航空运输成本依次升高，同一运输方式也有整车和零担的差异。如果订货批量小，单位运输成本就高。同样，制造环节的产能、仓库的容量、设施设备的处理能力要求达到的货量应该处于一个合理的规模，否则就可能产生设施闲置或者货物无法及时处理的额外成本。当使用包装单元时，无论箱、盒、托盘等都有合理的装载数量，如果订货批量与装载数量不能成有效的倍数关系，就需要额外增加包装单元，导致成本增加。所以一般对订货批量有最小起订量要求或者有倍数关系要求。

在满足客户需求条件下库存成本最低始终是供应链库存优化的目标，但是库存反映供应链中货物流的停顿，库存成本受多种因素的相互影响，所以供应链库存优化需要考虑订货批量、补货周期、提前期、订货点等因素的综合影响。

2.4　基本库存控制策略

库存控制策略（简称库存策略）是一种管理程序，形成决定订货时间和订货批量的机制，用以回答什么时候订和订多少的问题。库存控制策略由盘点策略和补货策略构成。不同的盘点策略决定了订货时间间隔是否固定。补货策略决定订货点（Reorder Point，ROP；也称再订货点）和订货批量。

通过盘点，当库存水平低于预设底线的时候，就会触发补货操作，以保证库存处于合理水平，能够满足下一个补货周期内的客户需求。盘点有连续盘点和周期盘点两种基本策略。连续盘点即随时检查库存，触发订货操作时的库存水平称为 ROP，当库存水平下降至 ROP 时，就发出批量为 Q 的订单。周期盘点即按照预先规定的时间间隔，定期对库存进行盘点，并随即提出订货，将库存水平提高到目标库存水平。

如果采用连续盘点策略，ROP 是一个定值，一旦库存水平低于 ROP 就可以随时下订单。如果采用周期盘点策略，ROP 不再是个定值，而是一个固定周期时刻的库存水平。采用周期盘点策略时只能在特定时间下订单。

设置库存控制策略时，以下四个参数很重要。

T，订货时间间隔。

Q，订货批量。

R，ROP。

S，目标库存水平。

如果两个订单之间的时间间隔始终相同，采用的是周期盘点策略。如果下一次补货的时间取决于 ROP，则采用的是连续盘点策略。上述四个参数可以根据需求和供应的变化动态调整。

由于订货批量和订货时间间隔既可以是固定的，也可以是可变的，因此可以将基本库存控制策略分为四种类型，如图 2-9 所示。

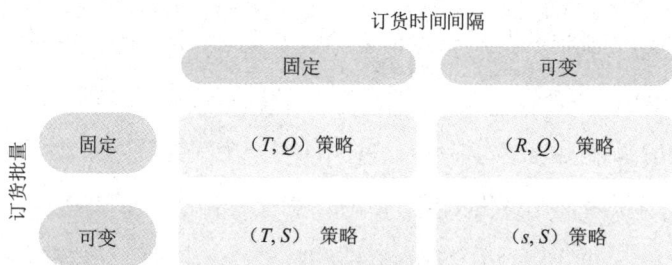

图 2-9　基本库存控制策略分类

（1）定期定量库存控制策略——（T, Q）策略

（T, Q）策略是用于处理订购过程的简单策略，按固定时间间隔 T 订购固定批量 Q。这一策略虽然补货很简单，但是订购时间和数量确定，很不灵活。如果需求存在不确定性或波动，则无法调整，因此不被企业广泛使用。

（2）定量库存控制策略——（R, Q）策略

定量库存控制策略下订货点和订货批量都是固定的。该策略基于固定阈值订

购产品，一旦净库存达到或低于阈值，就从供应商处订购预定数量的产品（或启动生产批次）。这个阈值称为订货点。当库存降低到订货点 R 时，发出订单，每次订货批量为 Q。每次订货时，R 和 Q 的值均保持不变，因此简称（R, Q）策略。连续盘点策略下，因为需求波动，两次订货之间的时间会有所不同，但订货批量始终相同，如图 2-10 所示。

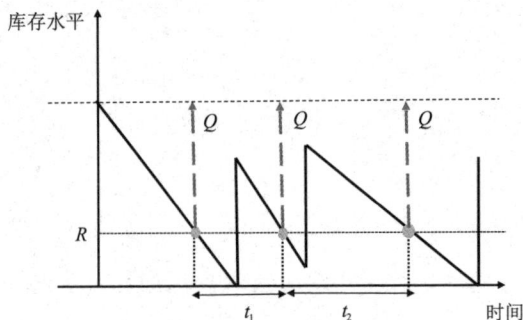

图 2-10 （R, Q）策略

采用（R, Q）策略时，需要根据历史数据和预测需求，设定一个合适的订货点，并确定订货批量。

这个策略的优点之一是可根据需要随时下订单，因此缺货风险较低，适用于需要密切监控的重要物品。另一个重要优点是可以根据一些约束或成本来优化订货批量。比如由于有运输批量折扣，每次订购一个完整托盘或整车的货物可以获得价格折扣，就可以优化订货批量，以确保每次下订单时都能获得折扣。

该策略也有一些局限性。该策略是针对单一品类的，很难将在同一个供应商处订购的不同品类的产品合并为一个订单，即使在同一个供应商那里订购几十种不同的产品，也不能实现在同一个订单中购买所有的产品，只有当库存量达到订货点触发订货时才能为某种产品下订单。另外该策略假设客户可以随时向供应商下订单，实际上有些供应商可能只接受固定期限的订单，比如每月接受一次订单。在这种情况下，（R, Q）策略不再适用。

（R, Q）策略易于理解，操作容易，但是企业需要随时检查系统库存量，增加了管理工作量；如果提前期出现变化或客户需求出现变化，企业只能通过频繁调整订货点来实现对库存的管控，增加了管理难度。所以这种策略适合需求稳定、提前期稳定的物料。

（3）定期库存控制策略——（T, S）策略

定期库存控制策略是系统每经过固定的时间间隔就发出一次订单，订货批量要满足将该物料的库存量提高到较高的设定值 S。该策略下相邻两次订单之间的时间间隔总是相同的，目标库存水平固定，每次订购的数量不同。订货批量取决于下订单时的库存量，因此是可变的。以某个物料为例，当经过固定时间间隔 T 之后，系统发出订货批量为 Q_1 的订单，这时物料库存量为 K_1，则订货批量 Q_1 等于 $S-K_1$，此刻名义库存量补充到设定值 S；再经过固定时间间隔 T 后，库存量降到 K_2，订货批量为 $S-K_2$。系统每经过一个固定时间间隔就发出一次订单，订货批量要满足将该物料的名义库存量补充到设定值，如图 2–11 所示。

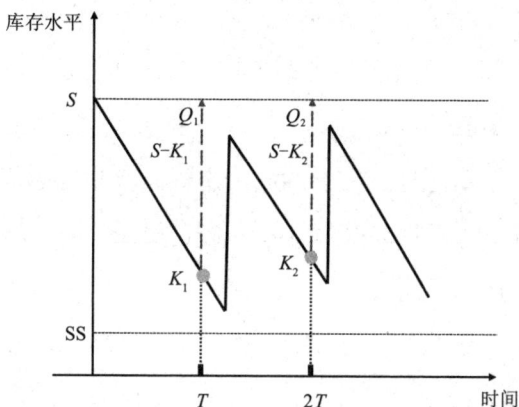

图 2–11　（T, S）策略

（T, S）策略是常见的库存控制策略，企业可以根据物料的不同特性设定不同的目标库存水平，以便灵活控制库存，还允许企业将每个供应商的订单合并，这将帮助客户和供应商简化操作，提供库存管理的可预测性，客户和供应商可以提前计划订单和工作量，形成固定的操作流程时间表。（T, S）策略也常常是物流需求计划／配送需求计划工具的补货策略，这些工具遵循预定义的时间表，通常每日或每周补货，这隐含使用了周期盘点策略。

（T, S）策略的缺点是不能在两个盘点周期之间下订单，提高了缺货风险。

比如补货流程是每周五向供应商下订单，但在周三发生了缺货，也不得不等到周五才能下订单。在此期间，企业可能会因为缺货而遭受销售损失。为了降低缺货风险，可能需要较高的安全库存，从而增加库存持有成本。与连续盘点策略相比，(T, S) 策略对需求的突然变化响应较慢。不论库存量降得多还是少，都要按固定时间间隔发出订单。即使库存量很接近目标库存水平，也会订货，增加不必要的订货成本。因为每次订购的数量有所不同，可能无法享受折扣或调整订货批量以降低运输成本，比如订货批量可能不是托盘装载数量的倍数。

（4）最大 – 最小库存控制策略——（s,S）策略

最大 – 最小库存控制策略将 (R, Q) 策略和 (T, S) 策略相结合，在 (T, S) 策略的基础上设定一个订货点 s，用以考察在每个盘点周期内是否需要补货。s 表示最小库存量，S 表示最大库存量，也称基本库存水平（目标库存水平）。经过固定时间间隔 T 之后，若当前库存量 q 小于订货点 s，则向上游发出采购订单，采购量为基本库存水平 S 与当前库存量 q 之差，即补货后库存量达到基本库存水平 S；否则，系统不做任何响应。

以某个物料为例，经过固定时间间隔 T 之后，检查发现库存量降到 K_1，K_1 小于 s，则系统发出订单，订货批量为 $S-K_1$；经过第二个固定时间间隔 T 之后，库存量降到 K_2，K_2 大于 s，则系统不发出订单；经过第三个固定时间间隔 T，库存量降到 K_3，K_3 小于 s，则系统发出订单，订货批量为 $S-K_3$，如图 2–12 所示。

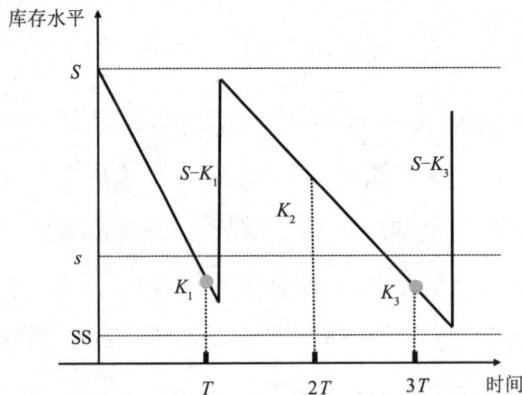

图 2–12　（s, S）策略

（s, S）策略依然按周期检查库存，但下订单的时间可能是单周期的倍数，其优点是操作流程平稳并能够合并订单，因为该策略有盘点周期，并只有当库存达到某个阈值时，才会下订单。该策略结合了（R, Q）策略和（T, S）策略的优点，是一种被广泛使用的策略。

第 **3** 章

供应链需求特征分析

需求驱动补货（Demand-Driven Replenishment，DDR）和需求预测补货（Forecast-Based Replenishment，FBR）是两种不同的库存补货策略。需求驱动补货是基于实际的需求（即真实订单或销售数据）来触发补货决策的。它依赖于供应链中各节点的实时需求信号，当需求产生时，系统会根据当前库存水平决定是否补货。需求预测补货是基于历史数据、季节性变化和市场趋势，结合预测模型来提前规划补货量的。无论是哪一种方式，识别供应链需求特征都是基础。供应链需求特征分析侧重于剖析数据，通过评估销售数据、市场变化和消费者行为等，刻画需求特征，区分需求类型，为制定供应链补货策略提供数据支持。供应链需求预测的准确性在很大程度上依赖于需求特征分析的彻底性。本章内容聚焦以订单数据为依据的需求特征分析方法。

3.1 需求特征分析流程

审视一个供应链系统，下游节点发出的订单就是上游节点的需求。因此需求从最终消费者沿着供应链向上传递，就会形成一套需求结构。随着需求的逐层传递，末端需求更多依赖于通过销售产成品来满足，而前端需求则倾向于通过生产原材料或零部件来满足，供应链各层级的产品形态呈现出不断变化的特征。位于供应链前端生产环节的需求性质与销售环节的需求性质存在显著差异，二者遵循不同的需求规律。在库存优化过程中，这两类需求通常被区分为独立需求与相关需求，从而可以采用不同的库存优化策略加以应对。

独立需求是指某种物料的需求不直接受其他产品需求的影响，通常由外部因素（如市场需求或客户订单）决定。这类需求与其他产品的需求之间没有固定的比例关系，具有较高的不确定性。相比之下，相关需求是指物料的需求直接依赖于其他产品需求，并通过生产工艺流程中的物料清单（Bill of Material，BOM）或其他关联关系，与其他产品需求以固定比例成套出现。相关需求通常以制造为核心，由生产计划驱动，因此相对独立需求更加稳定。

独立需求具有较高的不可预测性，其库存管理依赖于需求预测的准确性，需通过设定合理的库存水平和补货计划来平衡库存持有成本和客户服务水平。相较之下，相关需求可以通过生产计划或上游产品的需求推导得出，因此其库存管理主要依赖于物料需求计划（Material Requirements Planning，MRP）系统，根据成品的生产计划精确计算原材料或零部件的需求量和时间。本章主要研究独立需求。

需求特征分析主要包括三个步骤：第一步进行数据清洗，第二步进行需求特征指标测度，第三步判断需求类型。需求的分布在时间和空间上表现出一定的特性。理想情况下，需求应呈现均匀分布，但在实际中，需求往往存在波动。测度需求特征指标，可以揭示需求的分布规律。根据需求特征，对需求进行分类，目的是为不同类型的需求选择适宜的库存策略。需求特征分析流程如图3-1所示。

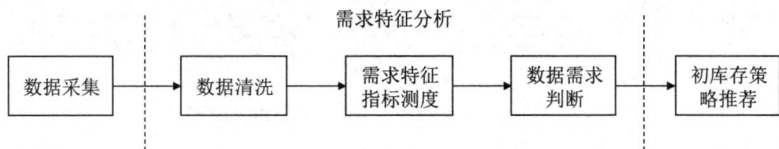

需求特征分析

数据采集 → 数据清洗 → 需求特征指标测度 → 数据需求判断 → 初库存策略推荐

图3-1　需求特征分析流程

3.2　数据清洗

需求特征分析的第一步是对订单数据进行清洗。最初获得的订单数据可能有很多问题，比如可能存在重复、缺失、错误、取消的记录，不同系统、渠道或部门输入的订单数据格式不一致等问题，需要通过数据清洗去除异常值、无效订单以及其他噪声数据，保证订单数据的稳定性和提高数据质量。

图3-2显示的四种类型的需求需要在数据清洗阶段剔除。

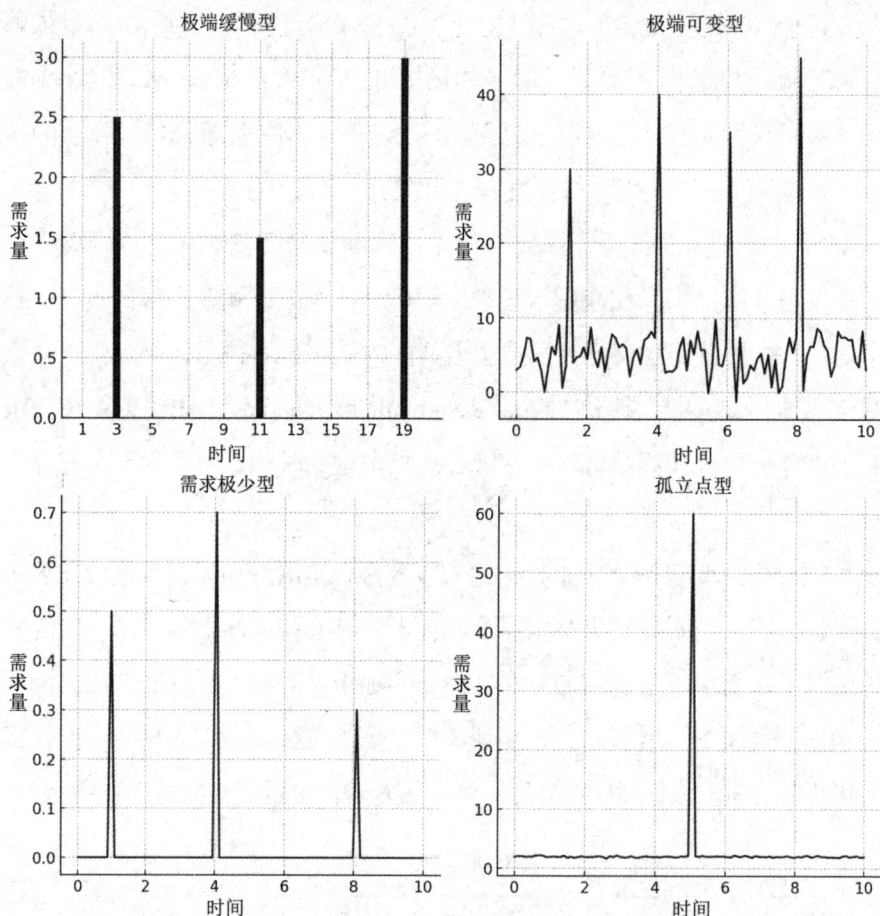

图 3-2　数据清洗需要剔除的四种需求类型

（1）需求类型：极端缓慢型

极端缓慢型需求是指需求时间间隔长，订单数量较少，需求量没有大幅度波动的需求。极端缓慢型需求不需要像高频需求那样频繁管理。需求稀疏可能会导致模型在较长的时间间隔内高估或低估需求，产生不必要的高库存或无法及时补货。对这种类型的需求需单独设定库存策略，如长周期补货或应急库存策略。要想判断需求类型是否为极端缓慢型，可用在特定时间段内的订单频数与一个预先设定的订单频数下限（频数阈值）进行比较，如果订单频数小于等于该阈值，则判断为极端缓慢型。判断标准如下：

$$订单频数 \leq 频数阈值 \quad （\text{Frequency Threshold}, \text{FT}）$$

频数阈值可以根据历史数据、百分位数、订单时间间隔等确定。

①基于历史数据的分析方法。首先计算每个产品在一定时间段内的订单频数（例如每月、每季度的订单频数），找出那些订单频数显著小于其他产品的存货单位（Stock Keeping Unit，SKU），并设定一个频数阈值。比如绝大多数产品的平均月订单频数为 10 次以上，但个别产品每月只有 1 ~ 2 次订单。将 2 次作为频数阈值，订单频数小于等于此阈值的产品需求归为极端缓慢型需求。

②基于百分位数的分析方法。根据产品订单频数分布，使用百分位数（如第 5 百分位数）来识别订单频数非常小的产品。比如有 100 种产品，按订单频数排序，第 5 百分位数的月订单频数为 2 次，那么每月订单频数小于等于 2 次的产品需求可被归类为极端缓慢型需求。

③基于订单时间间隔的分析方法。计算平均订单时间间隔，对于订单时间间隔特别长的产品，可以设定相应的频数阈值，将订单频数小于等于该阈值的产品需求归类为极端缓慢型需求。

（2）需求类型：极端可变型

极端可变型需求是指需求量高度不稳定和剧烈波动的需求。从统计学角度来看，极端可变型需求往往伴随着高方差和高标准差，这意味着需求的实际值远离其平均水平。这类需求由于具有不可预测性和高波动性，容易导致库存过多或短缺，从而增加供应链的不确定性和风险。因此，在供应链库存优化过程中，为了确保模型的有效性和稳健性，极端可变型订单需要被剔除。

为了衡量需求的波动性，常使用变异系数（Coefficient of Variation，CV）评估数据离散程度，使用方差阈值（Variance Threshold，VT）作为一个预设的界限筛选数据。使用方差阈值而不是直接使用变异系数阈值可以避免平均需求量的不同导致阈值判断不准确。方差阈值可以用于过滤波动剧烈的数据。如果数据变异系数超过了这个阈值，就可以将这种类型的需求视为极端可变型。具体的判断标准为：

$$需求变异系数 CV > 方差阈值 VT$$

最佳方差阈值的确定是一个反复试验的过程，通常需要结合历史数据分析、回测、模拟以及业务目标进行评估和优化。首先分析过去的需求波动，计算变异系数和方差，绘制变异系数分布图，选择一个合理的初始方差阈值。初始方差阈值也可以基于行业经验或特定的业务目标设定。应用初始方差阈值，将变异系数高于该阈值的需求视为极端可变型，并调整库存策略；然后通过模拟不同时间段的数据，回测库存水平、缺货率、库存成本等指标，评估库存表现。设置较低的方差阈值可能导致更多的需求被剔除，降低库存量；设置较高的方差阈值可能导致库存增加，降低缺货率，提高客户服务水平，但库存成本会上升。如果发现库存成本太高或有过多的库存积压，可以逐步降低方差阈值，剔除波动较大的需求。如果发现缺货频繁或客户服务水平偏低，可以逐步提高方差阈值，将波动较大的需求纳入库存策略的考虑范围，以降低缺货风险。

（3）需求类型：需求极少型

需求极少型需求是指在一定时间内，小于等于预先设定的需求阈值的需求。这类需求零星且稀少，发生频率很低，其随机性和稀少性导致预测误差较大，无法准确估计未来需求。

为了判断需求是否属于需求极少型，可通过比较非零需求均值 μ_{NZ} 和需求阈值（DS）来确定。如果非零需求均值不超过需求阈值，则该需求被认定为需求极少型。具体的判断标准为：

$$非零需求均值 \mu_{NZ} \leqslant 需求阈值 DS$$

（4）需求类型：孤立点型

孤立点是指数据显著偏离其他数据点的异常值。孤立点型需求会对需求均值和其他统计数据的计算产生严重干扰，破坏数据的中心趋势，进而影响基于这些统计数据做出的库存决策。在数据清洗过程中，孤立阈值（Outlier Threshold，OT）用于识别和处理数据集中的异常值或离群点。计算孤立点常用以下方法。

① Z–Score 方法。

Z–Score 方法适用于正态分布数据，用于衡量数据点距离平均值有多少个标准差。

$$Z = \frac{X - \mu}{\sigma}$$

其中：

Z 是 Z–Score 值；

X 是数据点的值；

μ 是数据的平均值；

σ 是数据的标准差。

常用的阈值是 ±3，即任何 Z–Score 大于 3 或小于 –3 的数据点被认为是孤立点。

对于小样本或非正态分布的数据，可采用基于中位数和中位绝对偏差（MAD）的修正 Z-Score 方法，而非使用均值和标准差。修正 Z-Score 的公式为：

$$修正\ Z = 0.674\ 5 \times \frac{X - 中位数}{MAD}$$

其中：

MAD=median（｜X–median（X）｜）。

0.674 5：一个常数，用于将 MAD 标准化为与标准差一致的尺度。常用的阈值是 3.5，即任何修正 Z-Score 超过 3.5 的数据点都被认为是孤立点。

② IQR 方法。

四分位距（Interquartile Range，IQR）方法是一种非参数方法，基于数据集的百分位数计算，适用于偏态或非正态分布数据。它通过计算第 25 百分位数（Q_1）和第 75 百分位数（Q_3）之间的距离来识别孤立点，IQR=Q_3–Q_1。

轻度孤立点定义为低于 Q_1–1.5×IQR 或高于 Q_3+1.5×IQR 的数据点。

极端孤立点定义为低于 Q_1–3×IQR 或高于 Q_3+3×IQR 的数据点。

③基于百分位数的方法。

在某些情况下，可以通过计算基于数据集一定百分比的上下界来检测孤立点。当数据集中尾部出现少量极端值时，这种方法很有效。

下界：数据集中第 1 百分位数的值。上界：数据集中第 99 百分位数的值。

任何低于第 1 百分位数或高于第 99 百分位数的值都可以被认为是孤立点。

④标准差方法。

另一种简单的检测孤立点的方法是考虑数据中那些超出均值 μ 加减 k 标准差范围。

上界：$\mu+k\times\sigma$。下界：$\mu-k\times\sigma$。

其中 k 通常为 2 或 3。超出上下界范围的值被视为孤立点。

假设有以下一组需求数据（单位：件）。

需求数据 =[100,102,105,98,120,110,115,108,300,90,95]，用 IQR 方法计算孤立点。

计算第 25 百分位数（Q_1）和第 75 百分位数（Q_3）。

排序后的数据 =[90,95,98,100,102,105,108,110,115,120,300]。

对于第 25 百分位数，位置公式：$P=(n+1)/4$，其中 P 表示百分位的位置，n 是数据点个数。$P=(11+1)/4=3$，Q_1 的位置是在排序后数据的第 3 个位置，即 $Q_1=98$。

第 75 百分位数（Q_3）：排序后数据的第 9 个位置，即 $Q_3=115$。

$\text{IQR}=Q_3-Q_1=115-98=17$。

计算极端孤立点的上下界。

下界 $=Q_1-3\times\text{IQR}=98-3\times17=47$。

上界 $=Q_3+3\times\text{IQR}=115+3\times17=166$。

任何小于 47 或大于 166 的数据点都被视为孤立点。需求数据中没有小于 47 的数据点，300 是大于 166 的数据点，所以 300 是孤立点。

Supply Chain Guru 软件给出了一些数据清洗需求类型判断方法，如表 3-1 所示，可供读者参考。在实践中建议根据实际情况选择合理的阈值。

表 3-1　可参考的数据清洗需求类型判断方法

需求类型	特点	解决方案
极端缓慢型	订单频数≤频数阈值 FT （FT=3）	单独订购
极端可变型	订单频数＞3，需求变异系数 CV＞方差阈值 VT （VT=5）	单独订购
需求极少型	订单频数＞3，非零需求均值 μ_{NZ}≤需求阈值 DS （DS=1）	单独订购
孤立点型	订单频数＞3，最大需求量 D_{max}≥孤立阈值 OT×需求 均值 μ（OT=10）	预建库存

3.3　需求特征指标测度

（1）需求特征及测度指标结构

需求特征主要表现为需求规模、需求稳定性和需求分布集中度，一共用 6 类指标测度，如图 3-3 所示。

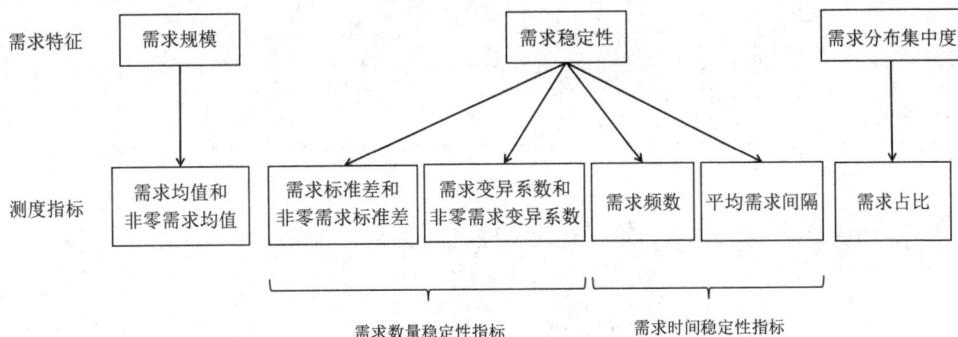

图 3-3　需求特征及测度指标结构

需求均值和非零需求均值用于测度需求规模。需求稳定性指标分为数量稳定性指标和时间稳定性指标，需求标准差和需求变异系数用于测度需求数量稳定性，也可用这两个指标非零数据的特征值。需求频数和平均需求间隔用于测度需求时间稳定性。需求分布集中度可以通过不同分类方法的需求占比测度。

（2）需求规模测度指标

需求规模是指某一产品在一定时间范围内和一定市场范围内的需求量，通常用需求均值表示。需求均值 μ 表示单位时间内的平均需求量。计算公式为：

$$\mu = \frac{\sum x_i}{n}$$

式中，x_i＝第 i 期的需求量，n＝期数。

为了更准确地衡量存在部分时段需求为零的情况下的实际需求水平，避免需求为零时段可能显著降低均值，引入非零需求均值 μ_{NZ} 表示单位时间的非零平均需求量。计算公式为：

$$\mu_{NZ} = \frac{\sum_{x_i \neq 0}^{n} x_i}{n}$$

某产品过去 6 天的订单情况如表 3–2 所示。

表 3–2　某产品过去 6 天的订单情况

项目	内容					
天数	第 1 天	第 2 天	第 3 天	第 4 天	第 5 天	第 6 天
订购量 / 件	5	0	6	0	0	4

样本的需求均值为：$\mu \dfrac{\sum x_i}{n} = \dfrac{5+0+6+0+0+4}{6} = 2.5$ 件

非零需求均值为：$\mu_{NZ} = \dfrac{\sum_{x_i=0}^{n} x_i}{n} = \dfrac{5+6+4}{3} = 5$ 件

（3）需求稳定性测度指标

①数量稳定性指标。

需求标准差 σ 和非零需求标准差 σ_{NZ} 反映需求偏离需求均值的绝对值，受需求均值影响。计算公式为：

$$\sigma = \sqrt{\frac{\sum (x_i - \mu)^2}{n}}$$

$$\sigma_{NZ} = \sqrt{\frac{\sum_{x_i \neq 0}^{n} (x_i - \mu_{NZ})^2}{n}}$$

需求变异系数 CV 和非零需求变异系数 CV_{NZ} 反映相对需求均值的变动程度，是衡量需求数据稳定情况的指标。需求变异系数也称为需求稳定系数。需求变异系数消除了需求量大小的影响，可用于客观评价不同数据的需求波动程度。计算公式为：

$$CV = \frac{\sigma}{\mu}$$

$$CV_{NZ} = \frac{\sigma_{NZ}}{\mu_{NZ}}$$

某企业产品 A 和产品 B 在过去 1 年每月的需求分布如图 3-4 所示。两种产品围绕均值的波动完全一致，需求变异系数相等，$CV_A = CV_B = 0.33$；每月的平均需求规模差异很大，需求均值分别为 $\mu_A = 4.83$ 和 $\mu_B = 48.33$，需求标准差分别为 $\sigma_A = 1.57$ 和 $\sigma_B = 15.72$。

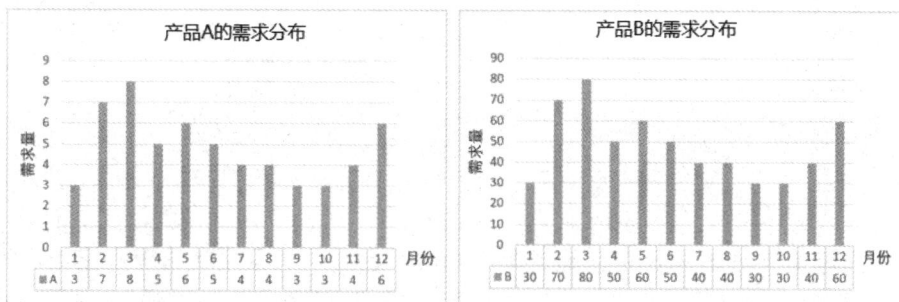

图 3-4 产品 A 和产品 B 在过去 1 年每月的需求分布

产品 C 和产品 D 在过去 1 个季度每周的需求分布如图 3-5 所示，两种产品需求均值 $\mu_C = \mu_D = 63$，产品 C 的需求变异系数大于产品 D，$CV_C = 0.498\ 7 > CV_D = 0.085\ 8$，产品 C 的需求量围绕均值上下起伏大，更不稳定。

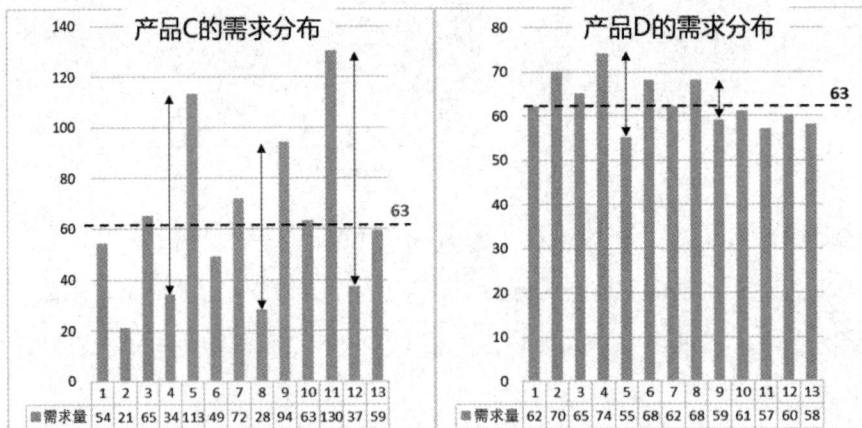

图 3-5　产品 C 和产品 D 在过去 1 个季度每周的需求分布

根据需求变异系数的范围，可以将需求稳定性划分为 5 个级别，如表 3-3 所示。

表 3-3　需求变异系数与需求稳定性的关系

CV 范围	需求稳定情况
$0 \leqslant CV \leqslant 0.2$	波动非常小，需求稳定
$0.2 < CV \leqslant 0.4$	波动比较小，需求基本稳定
$0.4 < CV \leqslant 0.6$	中等程度波动，需求不太稳定
$0.6 < CV \leqslant 0.8$	波动较大，需求不稳定
$CV > 0.8$	波动大，随机性需求

②时间稳定性指标。

需求频率是指某产品单位时间内被订货的次数，它包括需求频数和平均需求间隔两部分。需求频数描述某产品在一定时间范围内被订货的总次数，平均需求间隔表示在一定时间范围内每相邻两次订货之间平均间隔的时间长度。

比如，某企业产品 E 和产品 F 在过去半年里每周的需求分布如图 3-6 所示。产品 E 的需求频数是 8，平均需求间隔为 $\dfrac{3+2+6+4+2+2+4}{7}$ =3.29；产品 F 的需求频数是 26，不存在平均需求间隔。产品 F 需求频率高，需求相对稳定。

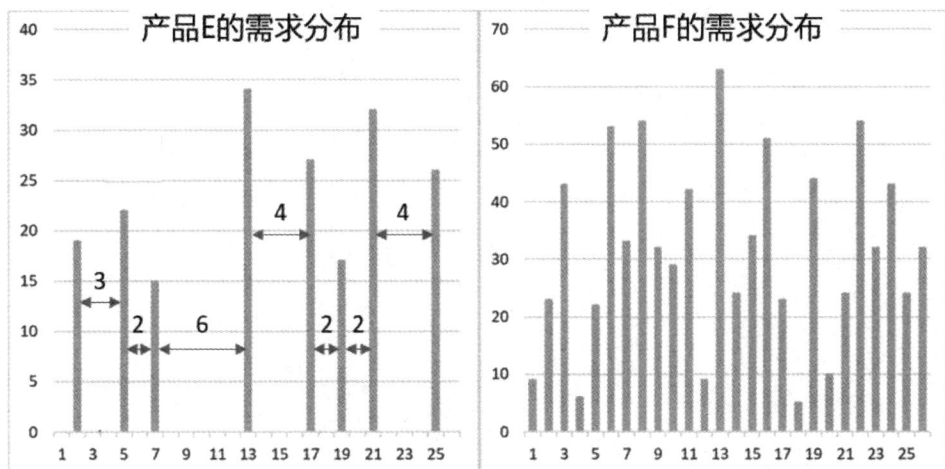

图 3-6　产品 E 和产品 F 在过去半年里每周的需求分布

（4）需求分布集中度测度指标

需求占比指在特定时间内，某产品的需求在不同客户或地区的分布比例，用于衡量需求是否集中于少数客户或地区，反映需求的集中或分散程度。

如图 3-7 所示，按客户统计了产品 G 和产品 H 过去 1 个月的需求，产品 G 和产品 H 的需求总量和客户量均相同。产品 G 的客户需求占比为 3% ~ 8%，每个客户需求都只占很小的比例。产品 G 的需求比较分散，单一客户的需求变化对产品总需求影响有限。产品 H 的客户需求占比为 0 ~ 58%，其中 16 号客户的需求占比达 57%，单一客户需求占比超过 50%。产品 H 的客户需求比较集中，16 号客户的需求变化对产品总需求有重要影响。

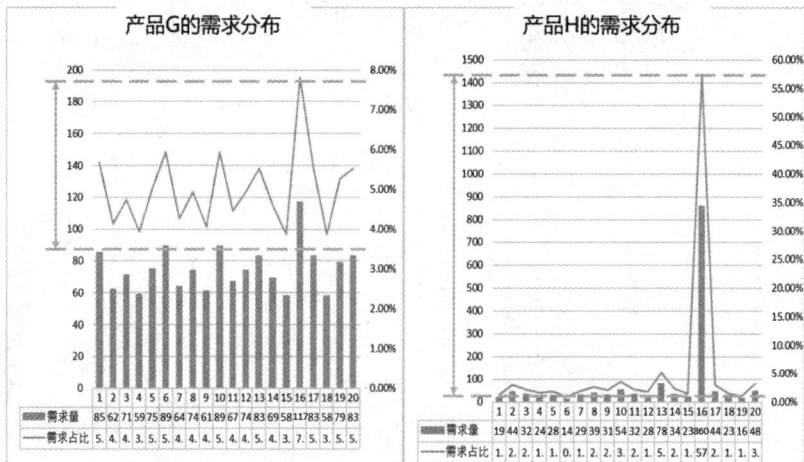

图 3-7　产品 G 和产品 H 的客户需求分布

（5）需求特征测度的时间单位选择

需求特征测度结果受选取的时间单位（月、旬、周、日）影响。如果选取的时间单位较小，比如以日为单位，则数据的颗粒度较小，需求波动性将较突出。如果选取的时间单位较大，比如以年为单位，则数据的颗粒度较大，需求波动性可能被掩盖。因此选取的时间单位与数据颗粒度正相关。

比如，针对某款产品在过去 1 个季度的历史需求，以日为时间单位来统计总需求，得到 91 个数据；以周为时间单位来统计总需求，得到 13 个数据；以月为时间单位来统计总需求，得到 3 个数据。日、周、月 3 种时间单位下的需求波动对比如图 3-8 所示。

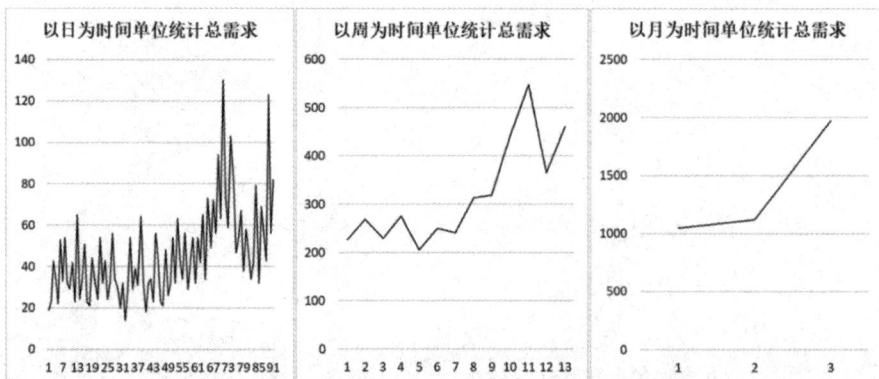

图 3-8　日、周、月 3 种时间单位下的需求波动对比

以日为时间单位求得的需求变异系数为 0.478，以周为时间单位求得的需求变异系数为 0.319，以月为时间单位求得的需求变异系数为 0.305。所以，以日为时间单位统计的需求波动程度最大，以月为时间单位统计的需求波动程度最小。时间单位越大，期内的需求波动越可能互相抵消。

图 3-9 反映了一组 28 天的需求数据按日和按周统计对需求特征测度的影响，虽然是同一组数据，两种时间单位下得出的需求特征完全不同。

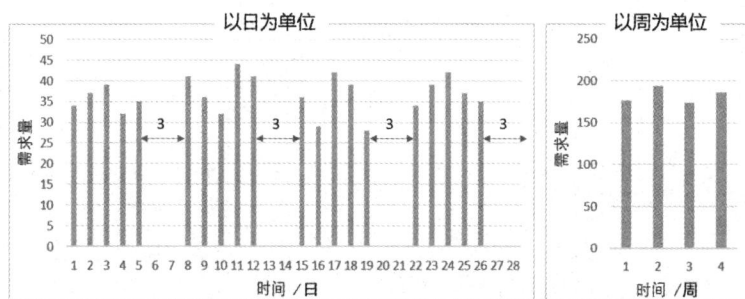

需求时间跨度	需求时间单位	需求均值 μ	需求变异系数 CV	需求频数 V	平均需求间隔 p	需求占比
28天	日	26.14	0.65	20	3	0~5.1%
28天	周	183.00	0.04	4	0	23.8%~26.5%

图 3-9　按日和按周统计的需求特征测度

那么应该如何选择合适的时间单位来测度需求特征呢？时间单位的确定受多方面的影响，除需求波动性外，还要考虑交货时间、订货周期、库存周转率、决策层级的影响。表 3-4 总结了这些因素影响下的推荐时间单位。

表 3-4　时间单位影响因素和推荐时间单位

影响因素	考虑内容	推荐时间单位	理由
交货时间	短交货时间（几天内交货）	日	捕捉短期需求波动，以便及时响应
	长交货时间（几个月内交货）	月	识别中长期需求趋势，进行有效规划

影响因素	考虑内容	推荐时间单位	理由
订货周期	短订货周期（每周订货）	日	提高订货频率，减少库存成本
	长订货周期（每月或每季度订货）	周或月	便于进行长期需求预测和供应链规划
需求波动性	高需求波动性	日或周	精细捕捉需求变化，及时调整策略
	低需求波动性	月	简化分析过程，减少数据处理量
库存周转率	高库存周转率	日或周	精确控制库存水平，避免库存积压或缺货
	低库存周转率	月或年	减少调整次数，降低管理成本
决策层级	操作决策（每日或每周调整）	日或周	支持频繁调整的操作决策
	战略决策（年度预算或产能规划）	月或年	支持长期规划的战略决策

此外，也可以应用交叉验证等定量分析技术帮助决定使用哪种时间单位。首先将数据集分成多个子集（如 K 折交叉验证中的 K 个子集），每次使用其中一个子集作为验证集，其余子集作为训练集。对每个时间单位（如日、周、月、年）分别进行模型训练和验证。计算每个时间单位下的模型性能指标。比较不同时间单位下的模型性能指标，选择性能最优的时间单位。通过多次交叉验证，确保结果的稳定性和可靠性。根据交叉验证的结果，选择在多个验证集上表现最优的时间单位，确保所选时间单位在不同数据集上的表现一致，避免过拟合。

假设将某年的每日销售数据分成 5 个子集（$K=5$），使用线性回归模型进行训练和验证。

①日需求：采用每日销售数据。使用 4 个子集进行训练，第 5 个子集用于验证。计算模型的性能指标，如均方误差（Mean Square Error，MSE）。重复 5 次，每次更换验证集，计算平均 MSE。

②周需求：将每日销售数据汇总为每周销售数据（52 周）。使用 4 个子集进行训练，第 5 个子集用于验证。计算模型的性能指标，如 MSE。重复 5 次，每次更换验证集，计算平均 MSE。

③月需求：将每日销售数据汇总为每月销售数据（12 个月）。使用 4 个子集进行训练，第 5 个子集用于验证。计算模型的性能指标，如 MSE。重复 5 次，每次更换验证集，计算平均 MSE。

交叉验证结果：日需求平均 MSE = 200；周需求平均 MSE = 150；月需求平均 MSE = 180。周需求的平均 MSE 最低，因此选择周作为最优时间单位。

3.4　需求类型判断

需求间隔和波动性直接影响库存水平设定，波动性高的需求可能需要较高的安全库存，而稳定的需求可以减少库存量。

根据需求间隔可以将需求分为连续型需求和间歇型需求。首先通过设定的需求间隔阈值，将平均需求间隔（p）小于间隔阈值（Interval Threshold，IT）的需求类型定义为连续型需求，将平均需求间隔（p）大于等于间隔阈值的需求类型定义为间歇型需求。

连续型需求数据较为密集，间隔较短，数值波动相对较小。需求变异系数平方反映了数据的相对波动性，可用于捕捉不同规模需求数据的微小波动。通过比较非零需求变异系数平方 CV_{NZ}^2 与某一设定离散阈值（Discrete Threshold，DT）的值，将连续型需求划分为平滑型需求和不规则需求。

平滑型需求：当 $CV_{NZ}^2 < DT$ 时，需求间隔较小且数值波动较小。

不规则需求：当 $CV_{NZ}^2 \geqslant DT$ 时，需求间隔较小但数值波动较大。

间歇型需求数据较为稀疏，间隔较大，数值波动相对较大。标准差直接反映了数据的波动幅度，适用于数据分布较为分散、波动较大的情况，便于在间歇型需求中识别较大的波动。通过比较非零标准差 σ_{NZ} 与某一设定标准差阈值（Standard Deviation Threshold，SDT），将间歇型需求划分为平稳型需求和波动型需求。

平稳型需求：当 $\sigma_{NZ} <$ SDT 时，需求波动较小。

波动型需求：当 $\sigma_{NZ} \geqslant$ SDT 时，需求波动较大。

对于间歇平稳型需求和间歇波动型需求，还可以用非零需求变异系数平方 CV_{NZ}^2 检测其波动性，对其波动性进行进一步细分，分为缓慢型需求和起伏型需求。缓慢型需求的特点是需求间隔较大，需求发生的频率较低，需求的波动性较小，需求量的变化幅度较小。起伏型需求的特点是需求间隔较大，且需求量变化幅度较大。比如奢侈品，消费人群有限，购买频率相对较低，购买量较稳定，属于缓慢型需求。工业备件通常用于维修和维护工业设备，只有在设备故障或定期维护时才需要更换，因此需求间隔较大且不稳定，属于起伏型需求。

缓慢型需求：当 $CV_{NZ}^2 <$ DT 时，需求间隔较大但数值波动较小。

起伏型需求：当 $CV_{NZ}^2 \geqslant$ DT 时，需求间隔较大且数值波动较大。

通过多次判断，形成需求类型判断树，如图 3–10 所示。其中的阈值都是经验值，可根据自身数据特点进行调整。根据不同需求类型，可以得到适用的库存策略。

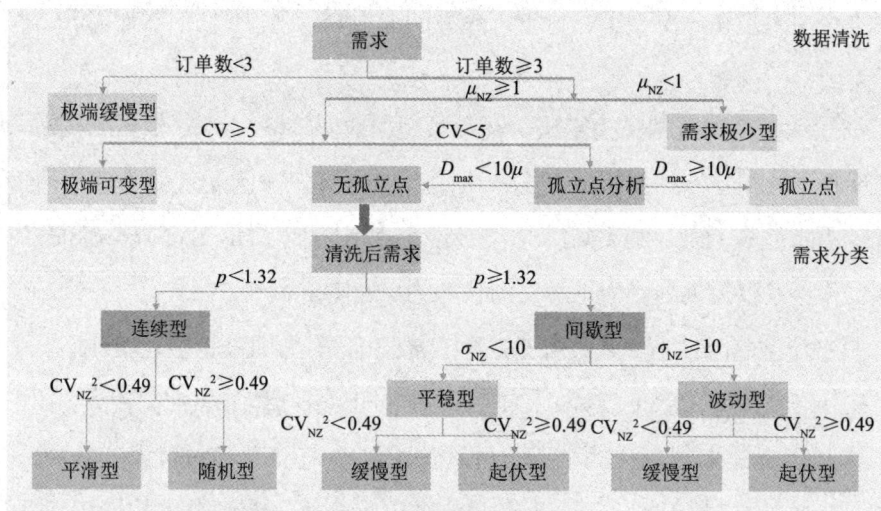

注：图中所示各类阈值为经验取值，实践中可自行调整。

图 3–10　需求类型判断树

第 **4** 章

周转库存优化概述

　　张伟是某科技公司供应链经理。某天，公司召开了年度会议，首席执行官特别指出库存成本上升已经成为影响公司利润增长的关键问题，必须优化库存以减少浪费。张伟意识到，是时候对周转库存进行优化了。张伟决定以此为突破口，提升公司在供应链中的整体竞争力。

　　首先，张伟与上游供应商进行了深入会谈。供应商给出了一个吸引人的提议：若单次订单量达到某个数值，采购价格可享受数量折扣，每单位产品的价格将降低5%。虽然这一提议看似能够节省成本，但张伟清楚，大量采购虽然降低了单价，却会增加库存持有成本。仓库租金、资金占用，以及长期库存导致的电子元器件老化和损耗，都是隐性成本。尤其是电子元器件市场波动大，技术更新快，库存积压的风险不容忽视。张伟明白，不能仅因价格折扣而让仓库堆积过多库存，必须在成本与库存水平之间做好权衡。

　　此前，公司每季度进行一次盘点，但这种周期盘点方式过于僵化，无法应对不同产品的需求波动。对于高需求波动的产品，季度盘点可能会导致信息滞后，错过调整库存的最佳时机。因此，张伟引入连续盘点方式，对于高价值且需求波动较大的电子元器件，实施更频繁的盘点，而对于需求稳定的产品，则继续保持原有的季度盘点。这样，张伟能够随时掌握库存情况，及时做出决策。

　　张伟还需要决定补货的时机。张伟知道，订单的提前期是决定补货的关键因素之一。供应商的交货周期通常为两周，但客户的需求波动较大，有时客户的需求会突然增加。为此，张伟建立了安全库存机制，以确保即使需求突然增加，仍有足够的库存满足市场需求。张伟引入了订货点概念，根据供应商的交货提前期和平均需求量，设定了一个触发补货的库存水平。当库存低于该水平时，系统将自动生成补货订单，确保不会出现断货。

　　最后，张伟还需确定每次的订货批量。张伟明白，订货批量越大，订货成本就越低，但库存持有成本也会随之增加。为此，张伟应用了经济订货批量模型，通过平衡采购成本、订货成本和库存持有成本，找到了最优的订货批量。经过多次计算与模拟，张伟确定，每次订购 1 000 个电子元器件是最合适的方案，这样既享受了供应商的折扣，又有效控制了库存持有成本。

最终，张伟的努力取得了显著成效。公司的库存持有成本降低 15%，订货成本降低 10%，同时客户的满意度也显著提升，准时交付率达到了 95% 以上。这些成果源自张伟对周转库存管理的深入理解以及对多种影响因素的精准把握。

周转库存是供应链库存优化的核心内容之一，周转库存优化侧重于维持适当的库存量以满足客户需求，同时最大限度地降低库存持有成本。它旨在平衡库存水平，以确保产品在需要时可用，减少过剩库存并改善现金流。接下来的三章将分别介绍周转库存优化的基本知识、单级周转库存优化方法和多级周转库存优化方法。

4.1　周转库存基本概念

周转库存（Cycle Inventory），又称周期库存，是指企业为满足客户需求而进行的周期性补货过程中所需持有的库存。它的主要作用是通过维持一定水平的库存，确保在所订货物到达之前能够持续满足客户需求。周转库存如图 4-1 所示。

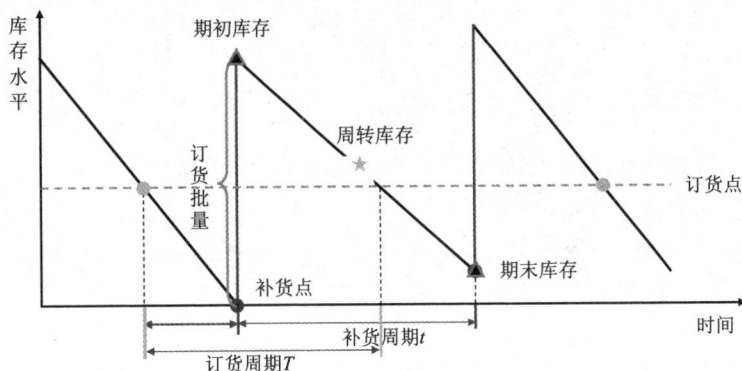

图 4-1　周转库存

周转库存的计算方法如下。

①根据每个补货周期期初和期末库存量计算周转库存。周转库存与每两次到货之间的实际库存消耗量（即期初库存 – 期末库存）密切相关，与库存消耗的速率无关。计算公式为：

$$周转库存 = \frac{期初库存 - 期末库存}{2}$$

如果期末库存为 0，那么周转库存是订货批量的一半。这种思路帮助我们得到每个周期的周转库存量。

需要指出的是，周转库存与平均库存不是同一概念。平均库存广泛用于财务和库存管理的总体评估，如核算平均库存数量以掌握不同时期库存水平波动及其对资金的占用程度等财务信息。周转库存则反映库存在周期内的流动变化，用于生产管理和供应链中的周期性补货决策。平均库存衡量在特定时间段（如一个月或一年）某企业或仓库的库存水平，计算公式为：

$$平均库存 = \frac{期初库存 + 期末库存}{2}$$

为了更精确地辨析周转库存和平均库存的概念，假设某零售店实际库存消耗如图 4-2 所示。

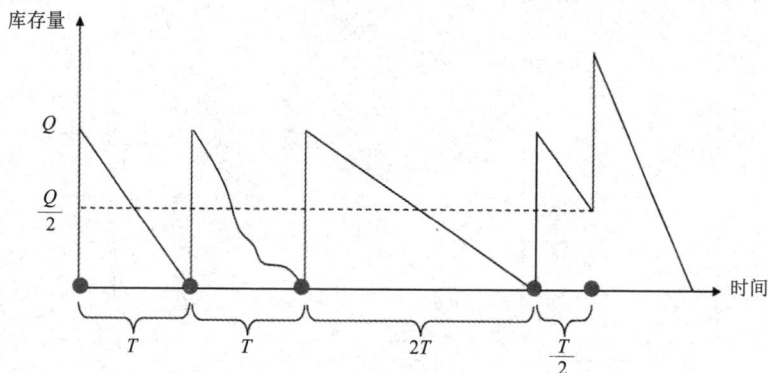

图 4-2　某零售店实际库存消耗

分别计算各补货周期的周转库存和平均库存，如表 4-1 所示。可以看到，因为第四个补货周期期末库存不为 0，因此周转库存和平均库存不相同，平均库存明显大于周转库存。由于平均库存反映库存的全部变化（包括增加和减少的情况），而周转库存仅反映库存消耗的部分，所以在大多数情况下，平均库存大于周转库存。

表 4-1　各补货周期周转库存和平均库存比较

库存	第一个补货周期	第二个补货周期	第三个补货周期	第四个补货周期
周转库存	$\dfrac{Q-0}{2}=\dfrac{Q}{2}$	$\dfrac{Q-0}{2}=\dfrac{Q}{2}$	$\dfrac{Q-0}{2}=\dfrac{Q}{2}$	$\dfrac{Q-\dfrac{Q}{2}}{2}=\dfrac{Q}{4}$
平均库存	$\dfrac{Q+0}{2}=\dfrac{Q}{2}$	$\dfrac{Q+0}{2}=\dfrac{Q}{2}$	$\dfrac{Q+0}{2}=\dfrac{Q}{2}$	$\dfrac{Q+\dfrac{Q}{2}}{2}=\dfrac{3Q}{4}$

②各个周期的周转库存通常是不同的，为了简化计算和得到企业周转库存的一般水平，可以根据年需求量、年订货次数，计算出全年平均周转库存。计算公式如下：

$$周转库存 = \frac{年需求量}{2 \times 年订货次数}$$

③通过库存周转率计算周转库存。库存周转率（Inventory Turnover Ratio）是用来衡量企业在一定时期内库存周转速度的指标，表示企业在一定时期内库存被售出和补充的次数，通常用于评价企业库存管理的效率。库存周转率越高，说明库存更新速度越快。计算公式如下：

$$周转库存 = \frac{平均库存}{库存周转率}$$

其中，$库存周转率 = \dfrac{销售成本}{平均库存}$。

如果某公司的期初库存为 10 000，期末库存为 15 000，销售成本为 50 000，那么平均库存为 12 500，库存周转率为 4，周转库存为 3 125。

4.2　周转库存优化目的及影响因素

4.2.1　周转库存优化目的

长春一家汽车 4S 店内某款汽车日需求 10 台。门店经理原制定的补货方案为每次订货 60 台，每 6 天订货 1 次，全年的订货成本（120 万元）和库存持有成本（72 万元）共 192 万元。后来，门店进行方案调整，每次订货 77 台，每 8 天订货 1 次，全年订货成本（93 万元）和库存持有成本（93 万元）共 186 万元。提高订货批量为 4S 店节约了大量订货成本，带来了规模经济效应，同时也导致门店库存成本升高。那么，该订多少货，何时订货呢？这就是典型的周转库存优化问题。

周转库存优化的核心目的是通过合理安排订货批量与周期，使得供应链各环节包括材料成本、订货成本和库存持有成本等在内的综合成本最小化。具体来说，周转库存优化旨在解决以下几个关键问题。

- 隔多少时间进行一次库存盘点？
- 何时订货？
- 每次订货的数量应该是多少？

4.2.2　周转库存优化影响因素

供应链某一节点的周转库存优化受上游供应商和下游需求的共同影响，图 4–3 列出了影响周转库存优化常见的因素：规模经济效应、价格折扣、提前期、需求规模和需求波动。这些因素相互关联，一个因素的变化会对其他因素产生影响。

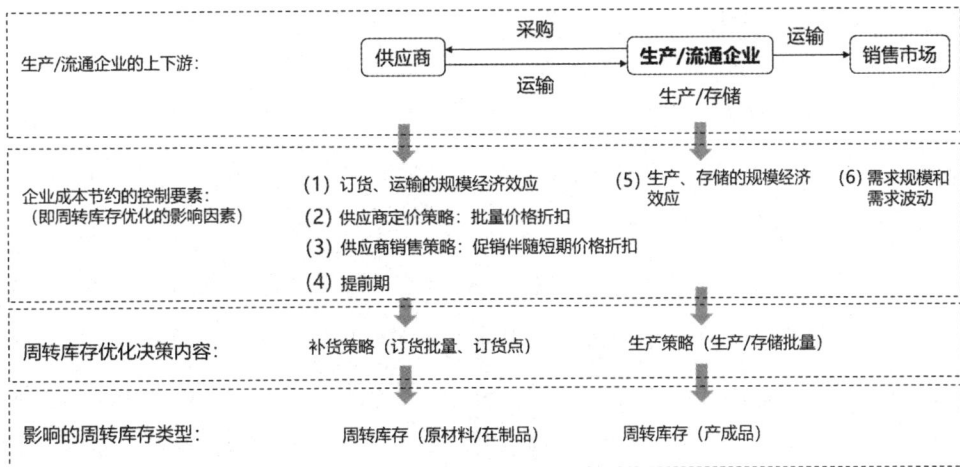

图 4-3 周转库存优化影响因素

（1）规模经济效应

规模经济效应是影响周转库存优化的重要因素，贯穿供应链流动过程。运输批量、生产批量、订货批量等决策背后都离不开规模经济效应的作用。价格折扣属于规模经济效应的一种类型，对材料成本有显著影响，后面将单独讨论。图4-4 显示了规模经济效应对周转库存优化的影响。

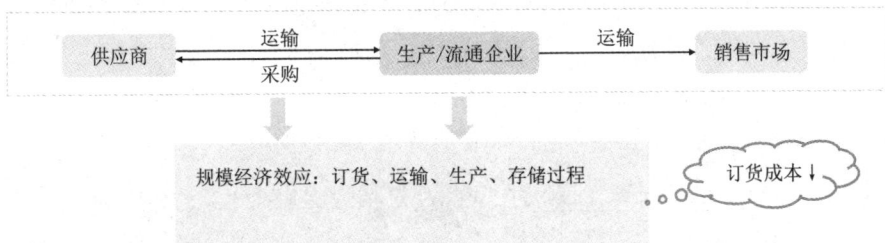

图 4-4 规模经济效应对周转库存优化的影响

规模经济效应在生产和存储过程中是显而易见的：生产批量越大，单位生产成本就越低；存储批量越大，单位存储处理成本（搬运成本、装卸成本等）就越低。除此之外，规模经济效应还显著表现在运输过程中。不同的运输规模可能采用不同的运输方式和运输价格批量等级梯度，铁路运输、海运等大批量运输方式运输价格较低，公路运输和空运等小批量运输方式价格较高。即使在同一种运输方式下，零担运输的价格也远高于整车运输。因此如果设置合理的订货批量，就有选择更低运输价格的可能。在相同需求下，增加每次的订货批量，将减少订货次数，从而减少订货成本。

当然，规模经济的反面就是规模不经济，当订货规模扩大时，占有的资金量增加，库存量增加，库存持有成本增加，因此需要权衡订货批量和库存总成本。

（2）价格折扣

价格折扣并非系统性的影响因素，而是供应商施加的，与其定价策略和销售策略有关。作为一种常规定价方式，供应商可能给出订货批量价格折扣。伴随促销，供应商可能给出短期的价格折扣。价格折扣的存在，使订货批量越大，总材料成本越低成为一种可能，随之订货次数下降，订货成本下降。然而，库存水平会上升，库存持有成本会增加，因此需要设置合理的订货批量。

（3）提前期

提前期长短和波动对周转库存优化影响很大。图 4-5 显示了提前期对周转库存优化的影响。计划提前期为 L，当订货点不变时，交货时间短于计划提前期 L，那么周期内的库存就会过剩，库存水平将上升。而如果供应商延迟交货，库存都消耗完了，还没有到货，就会发生缺货。当计划提前期由 L_2 缩短到 L_1 后，订货点从 R_2 降到 R_1，意味着周期内库存水平降低，从而库存持有成本下降。交货时间越长，订货点就越高，如果选择交货时间更短的供应商，则意味着下游制造商或分销商可以降低订货点，从而降低库存总成本。

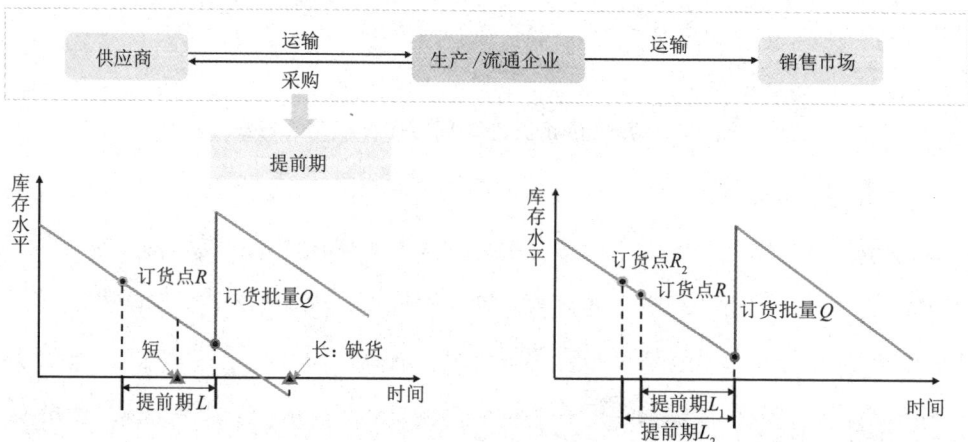

图 4-5　提前期对周转库存优化的影响

（4）需求规模和需求波动

在提前期不变的情况下，需求规模扩大，需要提高订货点以避免缺货。用需求均值衡量需求规模，用标准差衡量需求波动，图 4-6 展示了需求规模和需求波动对周转库存优化的影响。在补货周期和提前期相同的情况下，需求规模越大，订货点越高；需求波动大时，过量库存和缺货的风险都更高。由于多级供应链中存在牛鞭效应，消费端需求的小波动会导致上游库存水平较大的波动。供应链不同层级间对波动变化很敏感，如零售商的需求略有增加可能会促使零售商从分销商处订购更多产品，而分销商又会从制造商处订购更多产品，从而导致上游库存过剩。

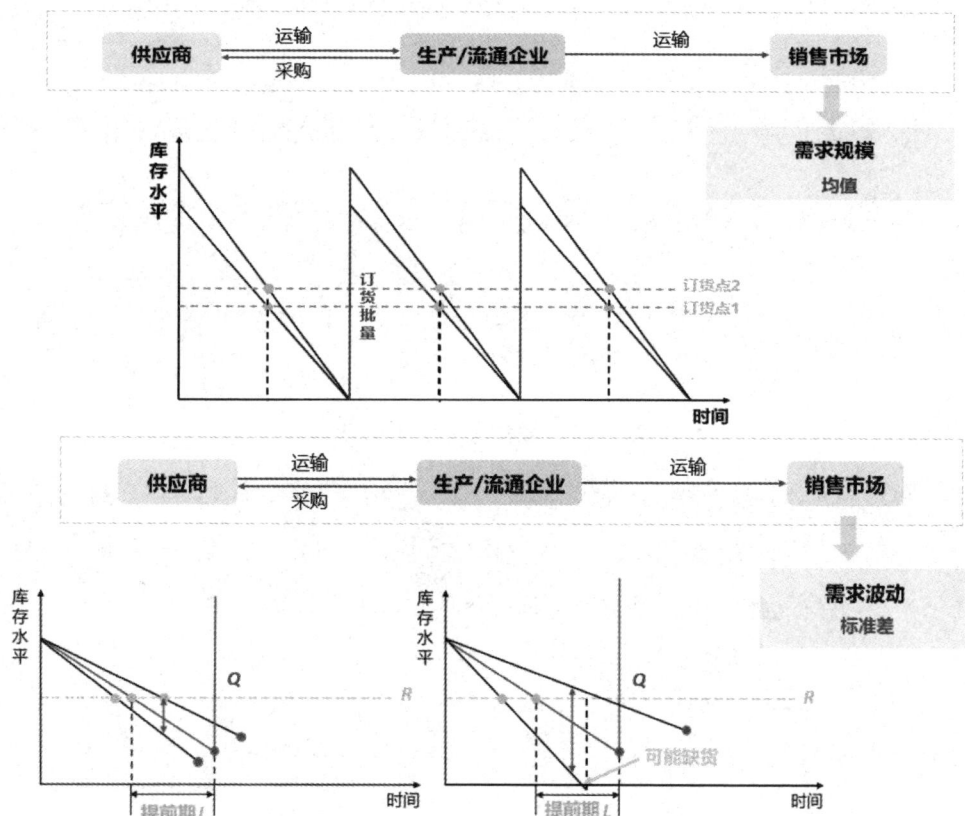

图 4-6　需求规模和需求波动对周转库存优化的影响

任何给定时间的库存水平都是订货点的直接函数。因此周转库存优化的决策点就是各种场景下，以供应链库存成本最小为目标，确定订货点和订货批量或生产批量。

4.3　周转库存优化场景

周转库存优化可以从单一层级角度决策，也可根据上下游链条综合决策，从而周转库存优化可以分为单级周转库存优化和多级周转库存优化。本书分 5 个场景介绍周转库存优化，其中前 4 个场景属于单级周转库存优化，第 5 个场景属于多级周转库存优化，如图 4–7 所示。

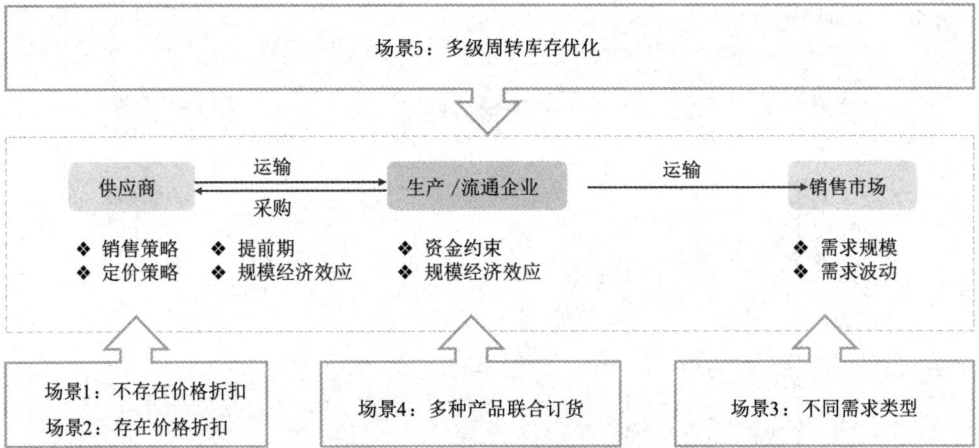

图 4–7　周转库存优化场景

单级周转库存优化按照产品品类分为单一产品订货问题和多种产品联合订货问题。本书的第 5 章介绍单级周转库存优化方法，第 6 章介绍多级周转库存优化方法。周转库存优化场景分析框架如图 4–8 所示。

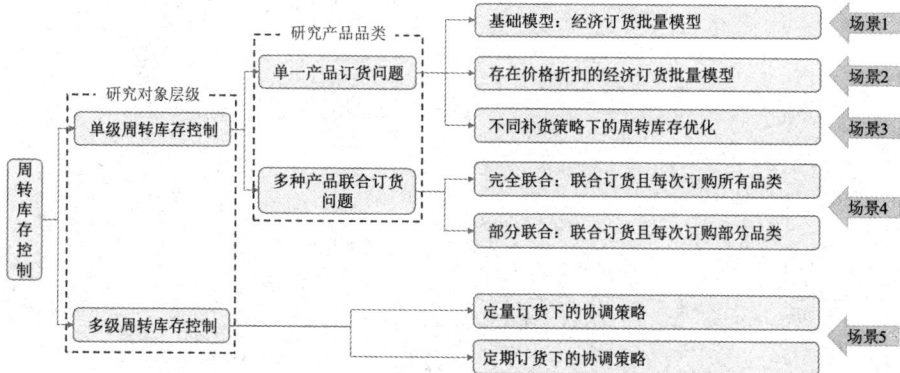

图 4-8 周转库存优化场景分析框架

第 **5** 章

单级周转库存优化方法

供应链单级周转库存优化是指供应链的某一特定节点，通过合理的库存策略，实现库存持有成本与订货成本之间的平衡。本章首先讨论单一产品订货问题的库存优化，包括基础的经济订货批量模型及其扩展版本，如存在折扣的经济订货批量模型，以及如何在不同补货策略下进行周转库存优化；在此基础上，进一步探讨多种产品联合订货的库存优化。

5.1　单一产品订货问题的库存优化

5.1.1　基础模型：经济订货批量模型

场景 1：长春市一家汽车 4S 店对某系列汽车的月需求稳定为 300 台，必须满足每一位客户的购买需求。每次订货的固定成本为 20 000 元，每台车的价格为 120 000 元，4S 店的库存持有成本费率为 20%。那么 4S 店每次的订货批量和年订货次数分别是多少时可使该 4S 店的库存总成本最小？

这种场景下需求是已知和确定的，价格不随订货批量变化，随着订货批量的增加，年库存持有成本增加，订货次数减少，年订货成本减少，订货批量和成本变化曲线如图 5-1 所示。最优订货策略是平衡单位时间内的库存持有成本和订货成本。因此可以找到一个最优订货批量，能够平衡订货成本和库存持有成本，使库存总成本达到最小，这个订货批量被称为经济订货批量（Economic Order Quantity，EOQ）。

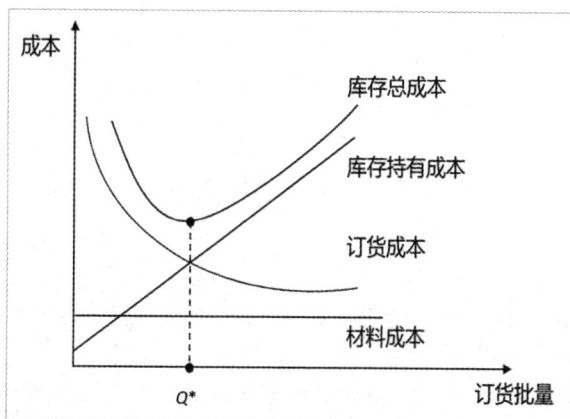

图 5-1　订货批量和成本变化曲线

EOQ 模型描述如下。

基本假设条件:

- 需求为独立需求, 需求已知且需求速率恒定;

- 不存在价格折扣;

- 不允许缺货;

- 瞬时到货, 提前期为零;

- 每次订货批量不变, 一次性全部到货;

- 库存持有成本是库存量的线性函数;

- 期初库存为零;

- 单位材料成本为常数。

模型输入参数:

D——年需求量(年消耗的产品数量, 按 360 天计算);

μ——需求率, 即日需求量;

S——每次订货的订货成本;

h——产品的库存持有成本费率;

C——产品单价。

决策变量:

T——订货周期;

n——年订货次数；

Q——每次订货批量。

目标函数：

最小库存总成本 = 订货成本 + 库存持有成本 + 材料成本。

其中，订货成本：

每次订货批量为 Q，则年订货次数 $n=\dfrac{D}{Q}$；每次订货的订货成本为 S，年订货成本为 $\dfrac{DS}{Q}$。

库存持有成本：

每次订货批量为 Q，则平均库存量为 $\dfrac{Q}{2}$；产品单价为 C，则平均库存金额为 $\dfrac{QC}{2}$；库存持有成本费率为 h，年库存持有成本为 $\dfrac{QCh}{2}$。

材料成本：

年需求量为 D，产品单价为 C，年材料成本为 CD。

库存总成本 $\mathrm{TC}=\dfrac{SD}{Q}+\dfrac{hCQ}{2}+CD$

最优库存决策如下。

经济订货批量： $\qquad Q^{*}=\sqrt{\dfrac{2DS}{hC}}$

经济年订货次数： $\qquad n^{*}=\dfrac{D}{Q^{*}}=\sqrt{\dfrac{DhC}{2S}}$

订货周期： $\qquad T=\dfrac{360}{n^{*}}$ （注：1 年按 360 天计算）

最小库存总成本： $\qquad \mathrm{TC}^{*}=CD+\left(\dfrac{D}{Q^{*}}\right)S+\left(\dfrac{Q^{*}}{2}\right)hC$

在生产条件下，假设一单位原材料能生产一单位的产成品。产成品按照速率 V 生产。则在生产时，企业产成品库存按照 $v-\mu$ 的速率上升；在停止生产时，产成品库存按照 μ 的速率下降。生产条件下的经济生产批量（Economic Production

Quantity，EPQ）可以利用上述的 EOQ 模型推导出来。

经济生产批量：

从生产商的角度，公式中 S 为调整准备成本（Setup Cost），即每批产品投产前为做好生产准备发生的成本。

根据 EOQ 公式可以计算场景 1 的订货批量和订货次数。

场景 1 下基本参数取值为：年需求量 $D=300 \times 12=3\ 600$（台），每次订货的固定成本 $S=20\ 000$（元），库存持有成本费率 $h=0.2$，产品单价 $C=120\ 000$（元）。

经济订货批量：　　　　　　　　　　　　　　（台）

年订货次数：　　　　　　　　　　　　　　　（次）

周转库存 =　　　　（台）

$$TC^* = \frac{hCQ^*}{} = 43\ 386（万元）$$

补货策略：每年补货 46 次，每次订货批量为 77 台。最小库存总成本为 43 386 万元。

在生产场景下，某汽车主机厂某款车型的日需求为 30 台 / 天，工厂生产速率为 40 台 / 天。每次生产的调整准备成本为 15 000 元，每台车的生产成本为 80 000 元，主机厂的库存持有成本费率为 20%。计算主机厂的经济生产批量。

经济生产批量：　　　　　　　　15 000　　　　（台）

即每个批次要生产出 285 台汽车，每次启动生产线后需要连续生产 $285 \div 40 = 7.1$（天）。

库存总成本具有对订货批量不敏感的特点。由表 5-1 可知，当订货批量 Q 为 $0.8\ Q^* \sim 1.2\ Q^*$ 时，成本变化率很小。这说明在合理的浮动范围内，订货批量可以灵活变动。

表 5-1　订货批量 Q 变化对成本的影响

项目	内容							
$b=(Q'=Q^*b)$	0.5	0.8	0.9	1	1.1	1.2	1.5	2
成本变化率	25.0%	2.5%	0.5%	0	0.4%	1.6%	8.9%	25.0%

5.1.2　存在价格折扣的经济订货批量模型

场景 2：场景 1 中的汽车 4S 店，在经营中遇到以下情况，苦恼于如何调整补货策略。

情况 1：上游供应商承诺，单次订货批量达到一定数额给予批量价格折扣。

情况 2：上游供应商提供短期的促销活动。

当供应商采用随订货批量变化的价格折扣和促销策略时，需要寻找价格折扣下的经济订货批量。

（1）情况 1：供应商给予批量价格折扣

供应商给予批量价格折扣，即供应商根据企业一次订货批量的多少来制定产品价格。批量价格折扣有两种形式：全部单位价格折扣和边际单位价格折扣。

①全部单位价格折扣。

该折扣方式的定价方法为：供应商设置不同批量区间 $[q_0, q_1)$，$[q_1, q_2)$……每个区间对应的产品售价为 C_0，C_1……当企业订货批量在某一区间时，企业订购所有产品都按该区间对应的价格向供应商支付货款。图 5-2 中，当订货批量 Q 在区间 $[q_2, q_3)$ 时，应该支付的货款为 QC_2。

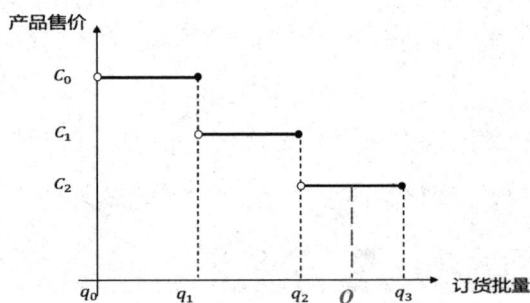

图 5-2　不同订货批量下的产品售价

当供应商采取全部单位价格折扣的定价策略时，经济订货批量计算步骤如图 5-3 所示。

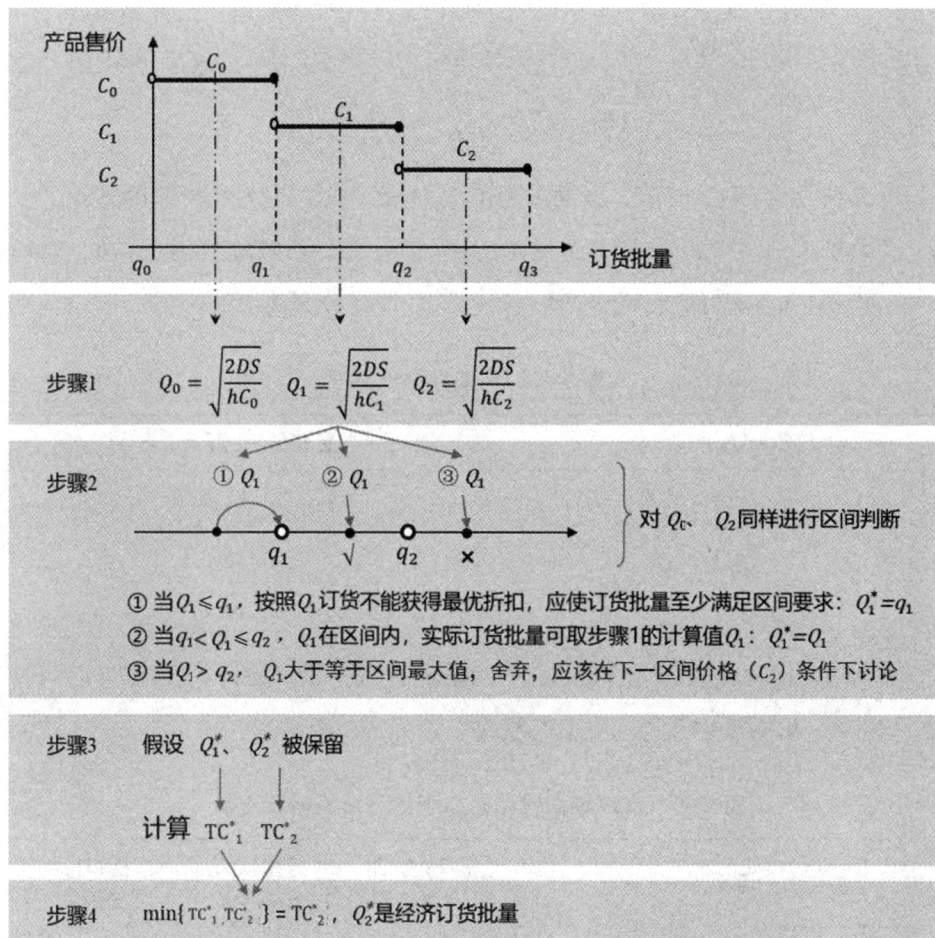

图 5-3　全部单位价格折扣的定价策略下经济订货批量计算步骤

步骤 1：用以下经济订货批量公式，分别计算不同区间下的理论订货批量 Q_i。

$$Q_i = \sqrt{\frac{2DS}{hC_i}}$$

步骤 2：选择每一价格下的实际订货批量 Q_i^*，对于每个 Q_i，取值方法如下。

$$
\begin{cases}
Q_i \leqslant q_i：\text{此时不能获得} [q_i, q_{i+1}) \text{区间折扣，取} Q_i^*=q_i。\\
q_i \leqslant Q_i < q_{i+1}：\text{此时} Q_i^*=Q_i。\\
Q_i > q_{i+1}：\text{应在下个区间价格（} C_{i+1} \text{）条件下讨论，舍弃该值。}
\end{cases}
$$

步骤 3：用以下公式，分别计算各区间被保留的 Q_i^* 对应的库存总成本。

$$
TC_i^* = C_i D + \left(\frac{D}{Q_i^*}\right)S + \left(\frac{Q_i^*}{2}\right)hC_i
$$

步骤 4：比较 TC_i^* 的值，取最小的 TC_i^* 对应的 Q_i^*，即为经济订货批量 Q^*。

以场景 1 为背景，该 4S 店上游的供应商采用全部单位价格折扣的定价策略，价格如表 5-2 所示。此时 4S 店每次的订货批量 Q 是多少呢？

表 5-2　汽车订购价格

订货批量区间 / 台	产品售价 /（万元 / 台）
(0, 60]	12
(60, 120]	11.8
(120, + ∞)	11.6

对不同售价下的经济订货批量进行计算和区间判断，并计算各自的库存总成本，全部单位价格折扣下的订货策略及成本如表 5-3 所示。

表 5-3　全部单位价格折扣下的订货策略及成本

项目	原价为 12 万元 / 台	折扣价为 11.8 万元 / 台	折扣价为 11.6 万元 / 台
①经济订货批量理论值 Q_i/ 台	77	78	79
区间比较	(0, 60]	(60, 120]	(120, + ∞)
②经济订货批量实际值 Q_i^*/ 台	舍弃	78	121
③库存总成本 TC_i^*/ 万元		42 664	41 960
年订货成本 / 万元		92	↓ 60
年库存持有成本 / 万元		92	140 ↑
年材料成本 / 万元		42 480	↓ 41 760

项目	原价为 12 万元 / 台	折扣价为 11.8 万元 / 台	折扣价为 11.6 万元 / 台
④降成本比率（相比于场景 1 的 43 386 万元）		1.7%	3.3%
⑤订货批量提升率（相比于场景 1 的 77 台）		1.3%	57.1%

当售价为 11.6 万元时，库存总成本最低，为 41 960 万元，此时的经济订货批量为 121 台。

通常，相比有价格折扣，没有价格折扣更能提升消费市场的需求，带来更大的供应链盈余。随着价格折扣幅度增大，在折扣价为 11.6 万元时，经济订货批量理论值为 79 台，但供应商要求订货批量大于等于 121 台才能享受优惠，因此经济订货批量实际值 Q^* 取 121 台。这是产品单价 C 随着订货批量下降造成的。

②边际单位价格折扣。

该折扣方式的定价方法为：供应商设置不同批量区间 $(q_0, q_1]$，$(q_1, q_2]$……每个区间对应的产品售价为 C_0，C_1……企业按照订货批量所处的不同区间，分段支付货款。图 5-4 中，当订货批量为 Q_i 时，材料成本 $=C_2 \times (Q_i - q_2) + C_1 \times (q_2 - q_1) + C_0 \times q_1$。

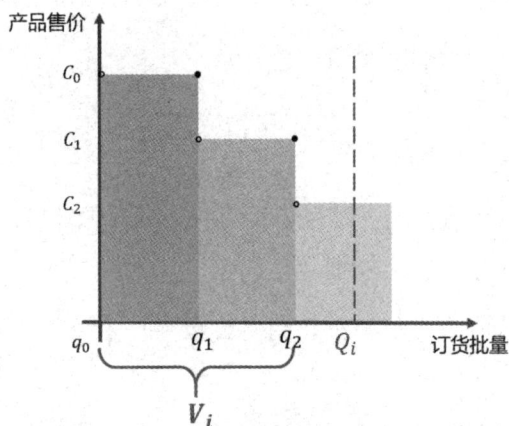

图 5-4 边际单位价格折扣订购单位成本

设 V_i 为订购 q_i 单位产品的成本。则 V_i 的计算公式为：

$$V_i = \sum_{n=0}^{i-1} C_n(q_{n+1} - q_n)$$

订货批量为 Q 时，材料成本为：

$$V_i + C_i(Q - q_i)$$

库存总成本为：

$$TC_i = \frac{D}{Q}S + \frac{V_i + C_i(Q - q_i)}{Q}D + \frac{V_i + C_i(Q - q_i)}{2}h$$

与全部单位价格折扣相比，多出的成本为 $V_i - C_i q_i$，如图 5-5 所示，在同一模型中归并到固定订货成本中。

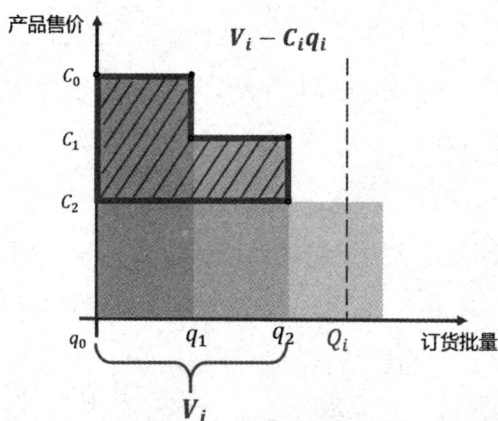

图 5-5　边际单位价格折扣与全部单位价格折扣单位材料成本差异

当价格为 C_i 时，经济订货批量理论值为：

$$Q_i = \sqrt{\frac{2D(S + V_i - C_i q_i)}{hC_i}}$$

上式的经济订货批量相比于传统模型中的经济订货批量，每次订货的固定成本增加了 $V_i - C_i q_i$。

当供应商采取边际单位价格折扣的定价策略时，经济订货批量 Q^* 的确定步骤如下。

步骤 1：计算不同价格下的经济订货批量理论值 Q_i。

步骤 2：选择每一价格下的 Q_i^*，对于每个 Q_i，取值方法如下。

$Q_i \leqslant q_i$: 此时不能获得最优折扣, 取 $Q_i^*=q_i$。

$q_i < Q_i \leqslant q_{i+1}$: 此时 $Q_i^*=Q_i$。

$Q_i > q_{i+1}$: Q_i 比区间最大值大, 舍弃, 应在下一区间价格条件下讨论。

步骤3: 计算不同 Q_i^* 对应的库存总成本 TC_i。

步骤4: 比较 TC_i 的值, 取最小的 TC_i^* 对应的 Q_i^*, 即为经济订货批量 Q^*。

以场景2为背景, 该4S店上游的供应商采用边际单位价格折扣的定价策略, 此时4S店每次的订货批量 Q 是多少呢? 对3个经济订货批量理论值进行区间比较和库存总成本计算。边际单位价格折扣下的订货策略及成本如表5-4所示。

表5-4 边际单位价格折扣下的订货策略及成本

项目	边际售价为 12万元/台	边际售价为 11.8万元/台	边际售价为 11.6万元/台
①经济订货批量理论值 Q_i/台	77	207	343
区间比较	(0, 60]	(60, 120]	(120, +∞)
②经济订货批量实际值 Q_i^*/台	60	120	343
③库存总成本 TC_i^*/万元	43 392	85 883	42 560
年订货成本/万元	120	60	↓ 21
年库存持有成本/万元	72	143	401 ↑
年材料成本/万元	43 200	85 680	↓ 42 138
④降成本比率(相比于场景1的43 386万元)			1.9%
⑤订货批量提升率(相比于场景1的77台)			345%

当售价为11.6万元时, 库存总成本最小, 为42 560万元, 此时的经济订货批量为343台。

(2)情况2: 供应商提供短期促销

供应商为下游企业提供短期促销的期限较短、折扣力度较大。因此短期促销通常导致下游企业提前购买产品，订货成本（由于未来订货次数降低）和材料成本（由于价格折扣）下降，库存持有成本上升。

供应商提供一次促销活动，下游企业购入数量为 Q^d 的产品，在该批产品销售结束后，仍然以经济订货批量 Q^* 订货。此时需要确定促销价格下的经济订货批量 Q^d，保证数量为 Q^d 的产品在销售期间库存总成本（包含库存持有成本、订货成本、材料成本）最小。短期促销下一次订货批量与经济订货批量的关系如图 5-6 所示，其中 I 表示库存水平。

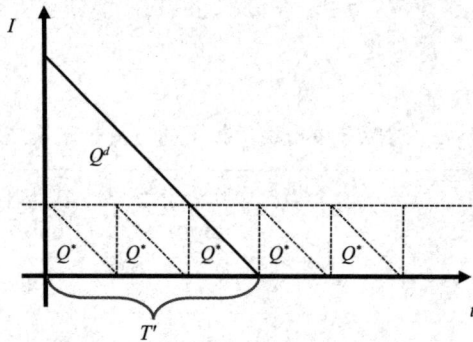

图 5-6　短期促销下一次订货批量与经济订货批量的关系

基本假设：

- 折扣仅提供一次；
- 客户需求与供应商促销前保持一致；
- 只分析一个时段 T'，该时段需求为 Q^* 的整数倍。

较经济订货批量模型新增的模型参数：

d——价格折扣值。

最优库存决策：

借助经济订货批量模型，可得一般情况下的经济订货批量 Q^*。利用 Q^*，计算促销活动中的经济订货批量 Q^d。计算公式为：

$$Q^d = \frac{dD}{(C-d)h} + \frac{CQ^*}{C-d}$$

当价格折扣值为 d 时，按照 Q^d 订货，全年的库存总成本是最低的。如果下游企业知道下次促销时间，预期促销之后的需求为 Q_1，为保证订购的产品完全售出，下游企业的经济订货批量为 $\min\{Q_1, Q^d\}$。

以场景 1 为背景，如果供应商为 4S 店提供短期促销，每台车折扣 4 000 元，计算 4S 店在这次促销活动中的经济订货批量。

按照原价 12 万元订购汽车时，经济订货批量 $Q^*=77$（台）。

$$Q^d = \frac{dD}{(C-d)h} + \frac{CQ^*}{C-d} = \frac{0.4 \times 300 \times 12}{(12-0.4) \times 0.2} + \frac{12 \times 77}{12-0.4} = 700 \text{（台）}$$

短期促销活动下经济订货批量是原价下经济订货批量的 9 倍左右，在未来的 8 个补货周期内无须订货。

不同场景下经济订货批量与库存总成本的对比如表 5–5 所示。

表 5–5　不同场景下经济订货批量与库存总成本的对比

项目	不存在价格折扣	存在价格折扣		
		全部单位价格折扣	边际单位价格折扣	短期促销
经济订货批量 Q_i^* / 台	77	121	343	700
库存总成本 TC_i^* / 万元	43 386	41 960	42 560	
降成本比率		3.3%	1.9%	
订货批量提升率		57.1%	345%	809.1%

通常情况下，有以下几个结论：

①相比没有价格折扣，有价格折扣能提升消费市场的需求，带来更大的供应链盈余；

②从订货批量提升率的角度，边际单位价格折扣的提升幅度大于全部单位价格折扣的提升幅度；

③相比长期折扣，在同等的优惠幅度下，短期促销对供应链需求提升的促进作用更大。

5.1.3　不同补货策略下的周转库存优化

在现实场景中，产品的需求曲线是多样的，并且由于各种因素的作用，需求往往是波动的。因此企业需要选择不同补货策略来应对不同类型的需求，以尽可能小的成本去达到期望的客户服务水平。

补货策略（即库存控制策略）是库存管理中确定库存盘点周期、订货时间间隔、订货点、订货批量的一系列策略。基本补货策略主要有 (R, Q)、(T, S)、(s, S)、(T, Q) 策略，其中 R 表示订货点、Q 表示订货批量、S 表示最大库存量（也称基本库存水平）、T 表示订货周期。由于 (T, Q) 策略比较简单，很少被企业采用，本章不再介绍 (T, Q) 策略。

当需求是波动的时，企业选择不同补货策略来降低需求波动对供应链的影响。假设产品的日需求服从均值为 μ、标准差为 σ 的正态分布，且各个时期需求分布不相关，则在提前期 L 内，需求量服从均值为 p、标准差为 Ω 的正态分布。计算公式如下。

$$p=L\mu$$

$$\Omega = \sqrt{L}\sigma$$

（1）(R, Q) 策略下的周转库存优化

(R, Q) 策略的含义为对库存进行连续性检查，当库存降低到订货点 R 时，发出订单，每次订货量为 Q。每次订货时，R 和 Q 的值均保持不变。在 (R, Q) 策略下，库存水平的变化如图 5–7 所示。

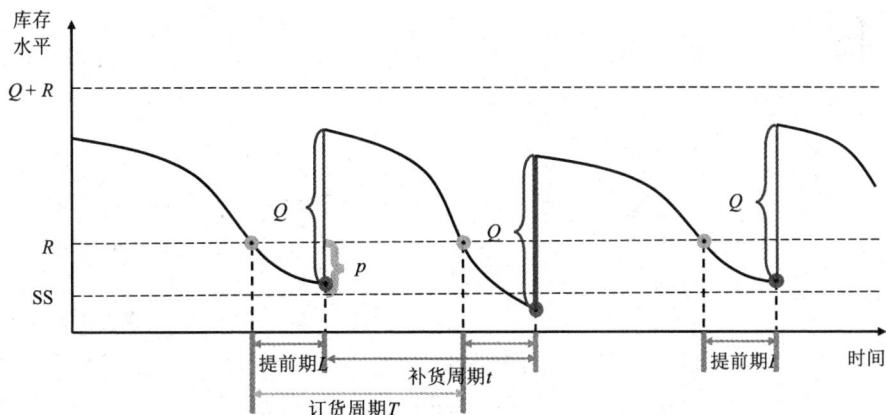

图 5-7 （R, Q）策略下库存水平的变化

①经济订货批量 Q^* 的确定。

经济订货批量 $Q^* = \sqrt{\dfrac{2SD}{hC}}$，公式中年需求量 $D=360\mu$。

②订货点 R 的确定。

订货点 R 要求能够满足提前期内发生的需求，因此 R 由两部分组成，一部分是提前期内需求的均值 p，另一部分是为了避免缺货设置的安全库存 SS。安全库存可以保证产品供货水平达到周期服务水平（Cycle Service Level，CSL），则有如下关系：

$$R = \mathrm{SS} + p = z\sigma\sqrt{L} + L\mu$$

其中，基本库存要满足提前期内的期望需求 p；安全库存用于防止提前期内的需求偏离均值；z 是标准分数，表示服务水平对应的标准正态分布临界值。

（2）（T, S）策略下的周转库存优化

（T, S）策略的含义为每隔一个盘点周期 T（即订货周期）检查一次库存，发出订单，将库存量补充到 S。每次订货时，T 和 S 保持不变，订货量可能发生变动。在（T, S）策略下，库存水平的变化如图 5-8 所示。

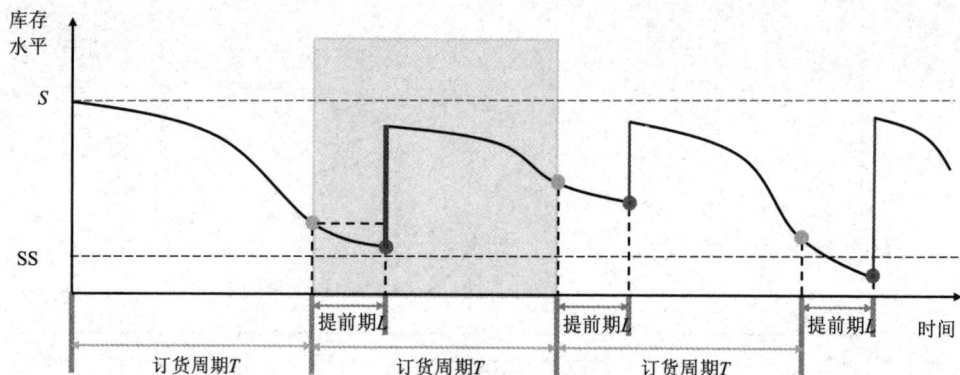

图 5-8　（T, S）策略下库存水平的变化

①订货周期 T 的确定。

$$T = \frac{360}{n^*} = 360 \times \sqrt{\frac{2S}{DhC}}$$

②最大库存量 S 的确定。

为了保证服务水平，在仓库发出订单的时候，订货批量要使库存量上升至最大库存量 S。S 由平均需求和安全库存组成。在下一批货到来之前，必须保证仓库不缺货。由于下一批货在 $T+L$ 天后到来，当前订货批量要满足 $T+L$ 天内的平均需求。而安全库存 SS，用以保障 $T+L$ 天内需求高于平均需求时的供应。最大库存量的计算公式如下：

$$S = \text{SS} + (T+L)\mu = z\sigma\sqrt{T+L} + (T+L)\mu$$

观察图 5-8 的第二个订货周期，需求较小的情况下库存消耗慢，在（T, S）策略下只有在周期盘点时才下达补货订单，导致相较于其他订货周期，该订货周期平均库存水平较高，不利于库存持有成本的节约。（s, S）策略则弥补了该局限性。

（3）（s, S）策略下的周转库存优化

（s, S）策略的含义为每隔一个盘点周期 T 检查一次库存，库存水平下降到订货点 s 或低于订货点 s 时，发出补货订单，使库存量达到基本库存水平 S。在（s, S）策略下，库存水平的变化如图 5-9 所示。

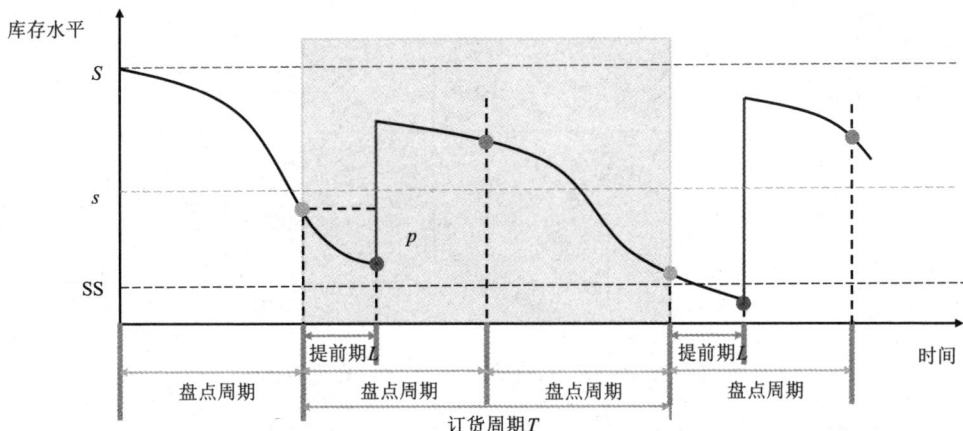

图 5-9　（s, S）策略下库存水平的变化

①基本库存水平 S 的确定。

在很多情况下，库存水平的盘点是周期性的，且时间间隔固定。当时间间隔较短时，如 1 天、2 天，可视为连续盘点；当时间间隔较长时，如 1 周、1 月、1 年，可视为周期盘点。

在周期盘点下，基本库存水平 $S = z\sigma\sqrt{T + L} + (T + L)\mu$。

在连续盘点下，令 $s=R$，$S=R+Q$。

②订货点 s 的确定。

$$s = SS + p = z\sigma\sqrt{L} + L\mu$$

观察图 5-9 第二个盘点周期，需求较小的情况下库存消耗慢，在（s, S）策略下，周期盘点时库存水平高于订货点 s，不下达补货订单，使得较高的库存可以在下一盘点周期内消耗。该策略相较（T, S）策略，平均库存水平是降低的，更有利于库存持有成本的节约。

连续盘点下的（s, S）策略与（R, Q）策略有区别，如图 5-10 所示，（s, S）策略的订货批量大于（R, Q）策略，周转库存也大于（R, Q）策略。假设 $s=R=90$，$Q=30$，$S=Q+R=120$。K 点时订单消耗使得库存水平下降至 88，在（R, Q）策略和（s, S）策略下均触发订货点发出补货订单。（s, S）策略下订货批量 $Q_1=120-88=32$，（R, Q）策略下订货批量 $Q_2=30$。

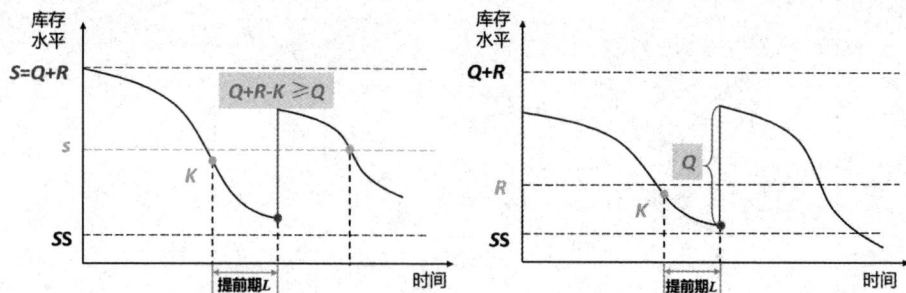

图 5-10　（s, S）策略与（R, Q）策略的比较

场景 3：4S 店某系列汽车需求服从正态分布，月需求均值为 300 台、标准差为 5 台。每次订货成本为 20 000 元，提前期为 2 天。每台车的价格为 120 000 元，4S 店的库存持有成本费率为 20%。客户服务水平和安全系数 z 的对应关系如表 5-6 所示。

表 5-6　客户服务水平和安全系数 z 的对应关系

项目	数据										
客户服务水平	90%	91%	92%	93%	94%	95%	96%	97%	98%	99%	99.9%
z	1.29	1.34	1.41	1.48	1.56	1.65	1.75	1.88	2.05	2.33	3.08

当 4S 店的客户服务水平达到 95% 时，计算下列指标并回答问题（每月按 30 天计算）。

4S 店采用（R, Q）策略时的订货点、订货批量。

4S 店采用（T, S）策略时的订货周期（即盘点周期）、最大库存量。

该 4S 店为了实现库存总成本最小的目标，应该采用哪种策略？

• （R, Q）策略。

订货批量：$Q = \sqrt{\dfrac{2DS}{hC}} = \sqrt{\dfrac{2 \times 3\,600 \times 20\,000}{0.2 \times 120\,000}} = 77$（台）

订货点：

$$R = z\sigma\sqrt{L} + L\mu = 1.65 \times \frac{5}{\sqrt{30}} \times \sqrt{2} + 2 \times \frac{300}{30} = 22\ (台)$$

当门店库存量低于 22 台时，立即下订单补货，补货量为 77 台。

- （T, S）策略。

订货周期：$T = 360 \times \sqrt{\dfrac{2S}{DhC}} = 360 \times \sqrt{\dfrac{2 \times 20\,000}{(300 \times 12) \times 0.2 \times 120\,000}} = 8\ (天)$

最大库存量：

$$S = z\sigma\sqrt{T+L} + (T+L)\mu = 1.65 \times \frac{5}{\sqrt{30}} \times \sqrt{2+8} + (8+2) \times \frac{300}{30} = 105\ (台)$$

采用（T, S）策略，订货周期为 8 天，每次盘点后立即下订单补货，使库存水平达到 105 台。

假设某年度的实际需求是稳定的，计算两种策略下的库存总成本。

$$TC_1 = \left(\frac{300 \times 12}{77}\right) \times 20\,000 + \left(\frac{77}{2} + 2\right) \times 0.2 \times 120\,000 = 1\,907\,065\ (元)$$

$$TC_2 = \left(\frac{300 \times 12}{105-5}\right) \times 20\,000 + \left(\frac{105-5}{2} + 5\right) \times 0.2 \times 120\,000 = 2\,040\,000\ (元)$$

两个策略相比，（R, Q）策略的库存总成本更低，相比于（T, S）策略，节约了 6.5% 的成本，成本节约是更低的库存持有成本带来的（更低的库存水平），应该选择（R, Q）策略。

（4）不同需求类型下的补货策略推荐

补货策略与需求类型高度相关，根据第 3 章的需求类型，有助于选择适宜的补货策略。

①连续型需求下的补货策略。

- 平滑型需求（Smooth Demand）：需求间隔较小、数值波动较小，需求较为稳定，接近均值，通常符合正态分布，适合固定订货量的策略。

- 不规则型需求（Erratic Demand）：需求间隔较小但数值波动较大，这种需求类型通常符合 Gamma 分布（能够描述非负数的随机变量，且具有较大的波动性），适合灵活调整订货量的策略。

②间歇型需求下的补货策略。

在间歇型需求下选择补货策略时，需求波动大小不再是主要考虑因素，需求间隔尤为重要。

- 缓慢型需求（Slow Demand）：需求间隔较大但数值波动相对较小，通常符合负二项分布或 Gamma 分布（负二项分布能够描述事件发生的次数或时间间隔，而 Gamma 分布能够描述非负数的随机变量），盘点周期内发生缺货的概率小，适合灵活调整订货量的策略。采用 (s, S) 策略会使没有需求或需求很小的周期内的平均库存水平较低，避免 (T, S) 策略的缺陷。

- 起伏型需求（Lumpy Demand）：需求间隔较大且数值波动较大，需求通常以批量形式出现，而不是单个需求。这种需求类型通常也符合负二项分布或 Gamma 分布，由于需求波动很大，定期盘点时发生缺货的概率比较大，适合连续盘点的固定订货量策略，以确保在需求发生时有足够的库存。表 5-7 给出了不同需求类型对应的推荐补货策略。

(R, Q) 策略的盘点方法是连续的，当库存量低于订货点时，补货需求能够及时得到响应。这种策略适用于平滑型需求和起伏型需求。平滑型需求是平滑的，需求数量连续且不会有太大波动，所以到达订货点后库存只需保持相对较低的水平就大概率可以满足提前期的需求。这种需求对应的产品一般是快流品。起伏型需求订货批量大于 1，只要 (R, Q) 策略中的 Q 满足订货的最低条件就可以保证订货批量达到要求，但是 (s, S) 策略和 (T, S) 策略则可能达不到最小订货要求。

采用 (s, S) 策略需要实时盘点库存情况，当库存量达到最小库存量 s 时，仓库立即订货，使库存量达到 S。该策略虽然没有固定的订货批量，但是有固定的补货后的库存水平。这种策略适用于需求起伏大的货物，适合的需求种类有不规则型需求和缓慢型需求，因为当补货至最大库存量 S 时，这种策略可以在更大程度上确保起伏大的需求能够被满足。

表 5-7 不同需求类型对应的推荐补货策略

序号	需求类型		特征	需求分布	推荐补货策略
1	连续	平滑型需求	$p < \text{IT}$ $\text{CV}^2 < \text{DT}$	正态	(R, Q)
2		不规则型需求	$p < \text{IT}$ $\text{CV}^2 \geq \text{DT}$	Gamma	(s, S)
3	间歇	缓慢型需求	$p \geq \text{IT}$ $\sigma \geq \text{SDT}$ $\text{CV}^2 < \text{DT}$	负二项 /Gamma	(s, S)
4		起伏型需求	$p \geq \text{IT}$ $\sigma \geq \text{SDT}$ $\text{CV}^2 \geq \text{DT}$	负二项 /Gamma	(R, Q)

5.1.4 案例分析

KC 是国内一家机械工程零部件加工公司，除了主营的三类零部件加工之外，也会承接部分自动化设备生产与组装的业务。该公司在武汉有一个加工工厂，在天津、上海、长沙、广州这四个客户集中区域各建立了一个备件仓库。

随着公司业务的快速扩张，客户需求越来越多。该公司在订单变多的同时，交货周期也越来越长。由于管理层一直以来依靠经验进行库存决策，导致各仓库的库存成本过高，利润率也逐年下降。目前该公司的库存总成本为 40.9 万元，供应链客户服务水平为 98%，原始补货策略如表 5-8 所示。

表 5-8 原始补货策略

站点 – 产品	原始补货策略	订货点	目标库存水平	盘点周期
DC_01–FG_01	(s, S)	60 000	90 000	连续
DC_02–FG_02	(s, S)	30 000	50 000	连续
DC_03–FG_03	(s, S)	60 000	90 000	连续

注：DC 表示仓库站点，FG 表示产品。

面对这样的威胁，供应链部门收集了公司一个周期（232 天）的客户需求，以分析不同产品应该采用何种补货策略才能降低库存成本。

分析如下。

（1）以不同时间单位进行需求分析

将三类产品的订单数据以日为单位统计，分别计算三类产品订单数量的平均需求间隔、非零需求标准差和非零需求变异系数，判断需求类型及推荐补货策略如图 5–11 所示。

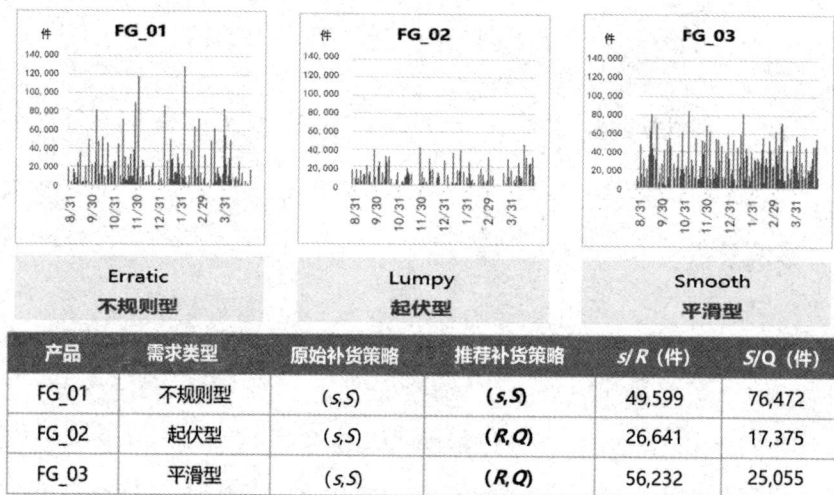

产品	需求类型	原始补货策略	推荐补货策略	s/R （件）	S/Q （件）
FG_01	不规则型	(s,S)	(s,S)	49,599	76,472
FG_02	起伏型	(s,S)	(R,Q)	26,641	17,375
FG_03	平滑型	(s,S)	(R,Q)	56,232	25,055

图 5–11　按日统计的产品需求类型和推荐补货策略

将三类产品的订单数据以周为单位统计，分别计算三类产品订单数量的平均需求间隔、非零需求标准差和非零需求变异系数，判断需求类型及推荐补货策略如图 5–12 所示。

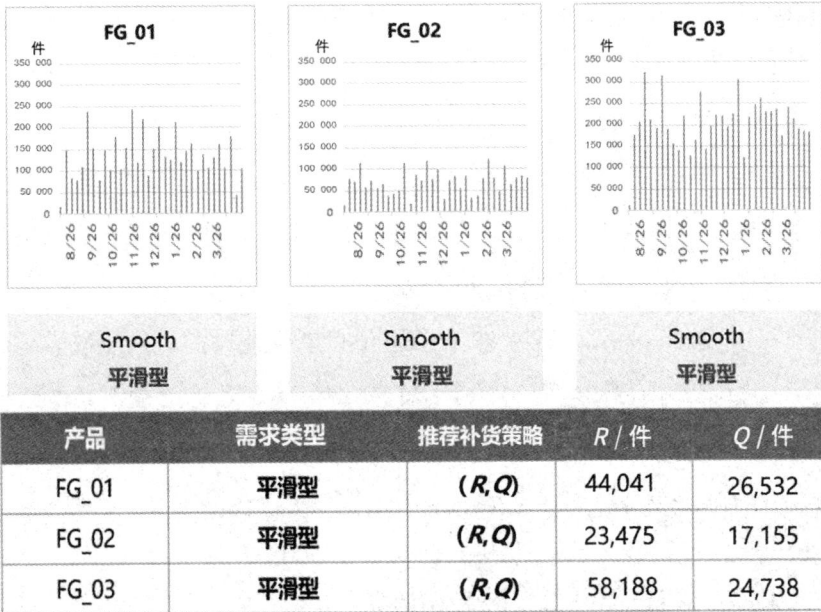

产品	需求类型	推荐补货策略	R / 件	Q / 件
FG_01	平滑型	(R, Q)	44,041	26,532
FG_02	平滑型	(R, Q)	23,475	17,155
FG_03	平滑型	(R, Q)	58,188	24,738

图 5–12　按周统计的产品需求类型和推荐补货策略

（2）计算和对比库存总成本和客户服务水平

不同补货策略库存总成本和服务水平对比如表 5–9 所示。

表 5–9　不同补货策略库存总成本和服务水平对比

场景	产品	补货策略	库存总成本 / 元	服务水平
原始补货策略			409 000	98%
日汇总库存优化	FG_01	(s, S)	109 499.61	94%
	FG_02	(R, Q)	64 915.32	92%
	FG_03	(R, Q)	159 312.16	94%
	小计		333 727.09	
周汇总库存优化	FG_01	(R, Q)	94 368.89	90%
	FG_02	(R, Q)	60 093.93	90%
	FG_03	(R, Q)	161 634.53	96%
	小计		316 097.35	

通过比较，按不同时间单位对需求进行统计，FG_01 和 FG_02 两种产品的需求类型发生变化，相应的推荐补货策略也改变了。按日汇总，采用根据需求类型推荐的补货策略，相比原始补货策略，库存总成本下降了 18.4%；按周汇总，采用根据需求类型推荐的补货策略，相比按日汇总，库存总成本下降了 5.3%。因此，在此案例中应该按周汇总需求，所有产品均用 (R, Q) 策略将大幅降低库存水平，并且将客户服务水平保持在 90% 及以上。

由此可以看出，将订单需求按不同的时间单位进行汇总，经过需求分析后会得到不同的需求类型，进而选择不同的补货策略。订单需求汇总的时间单位越大，需求曲线越趋向平缓。通常，使用 (s, S) 策略或 (T, S) 策略比使用 (R, Q) 策略的库存总成本高，客户服务水平会有所提升或维持不变。

5.2 多种产品联合订货问题的库存优化

5.2.1 多种产品联合订货的意义

将场景 1 扩展为场景 4。

该汽车 4S 店有系列 1、系列 2、系列 3 三种汽车产品，每款车型的基本情况如表 5–10 所示。4S 店库存持有成本费率为 20%。

表 5–10　三种汽车产品基本参数

项目	系列 1 汽车	系列 2 汽车	系列 3 汽车
月需求 d_i/ 台	300	30	1200
基本订货成本 s_0/（万元 / 次）	1.5	1.5	1.5
特定订货成本 s_i/（万元 / 次）	0.5	2.0	0.2
进价 /（万元 / 台）	12	20	7

如果每种产品单独订货，根据 EOQ 公式，计算单独订货的经济订货批量和成本，如表 5–11 所示。

表 5–11　不同系列汽车单独订货的经济订货批量和成本

单独订货	系列 1	系列 2	系列 3	总成本
年订货次数 / 次	46	14	77	
经济订货批量 / 台	77	25	187	
年订货成本 / 万元	93	68	131	292
年库存持有成本 / 万元	93	68	131	292
库存总成本 / 万元	186	136	262	584

以一个季度为例，将三个系列的订购次数画在时间轴上，如图 5–13 所示，系列 1 订购 11 次（"●"），系列 2 订购 4 次（"★"），系列 3（"▲"）订购 19 次，企业一般拥有许多种不同的产品，如果针对每一种产品都进行单独订货，就会出现短期内频繁订货的现象，不利于节约订货成本，同时会增加企业部分管理工作的作业量，因此可以考虑使用多种产品联合订货策略。

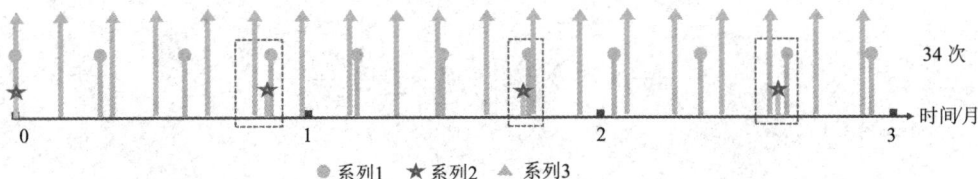

图 5–13　一个季度三个系列产品订货次数分布

多种产品联合订货指各产品协同采用订货周期 T，便于统一管理各产品订货和运输过程。多种产品联合订货节约成本的原因是订货和运输过程的固定成本得到节约，从而节省年订货成本。联合订货时，每次订货的固定成本 S' 不是各个 S_i 的简单叠加。例如，每个品类每次订货固定成本包含基本订货成本（如运费）s_0、特定订货成本（如检测费等）s_i，则 $S_i = s_0 + s_i$，多种产品联合订货时 $S' = s_0 + \sum s_i$，实际上分摊到每个产品的单位订货固定成本降低了。

多种产品联合订货，有以下 2 种订货形式。

• 形式 1：联合订货，每次订购所有品类。

• 形式 2：联合订货，每次选购部分品类。

5.2.2　完全联合订货库存优化

模型基本假设：

- 基础经济订货批量模型中的 8 项假设；

- 集中订购不会带来价格折扣；

- 无运输能力约束；

- 提前期为常量；

- 每次订购所有品类。

优化目标为库存总成本最小，包含年材料成本、年订货成本、年库存持有成本。

$$\min TC = \sum C_i D_i + \left(\frac{D_i}{Q_i}\right) S' + \sum \left(\frac{Q_i}{2}\right) h C_i$$

将 $n = \dfrac{D_i}{Q_i}$ 代入目标函数，目标函数可写成：

$$\min TC = \sum C_i D_i + n S' + \sum \frac{D_i h C_i}{2n}$$

模型输入参数：

D_i——产品 i 的年需求量；

S'——每次联合订货的固定成本，$S' = s_0 + \sum s_i$；

C_i——产品 i 的单价；

h——单位产品库存持有成本费率。

决策变量：

n——年订货次数；

Q_i^*——经济订货批量。

最优库存决策：

$$n^* = \sqrt{\frac{\sum D_i h C_i}{2S'}}$$

$$Q_i^* = \frac{D_i}{n^*}$$

计算场景 4 联合订货成本 $S'=1.5+0.5+2.0+0.2=4.2$（万元）。

$$年订货次数 n^* = \sqrt{\frac{\sum D_i h C_i}{2S'}} = \sqrt{\frac{(300 \times 12 + 30 \times 20 + 1\,200 \times 7) \times 12 \times 0.2}{2 \times (1.5 + 0.5 + 2.0 + 0.2)}} = 60 \text{（次）}$$

系列 1 经济订货批量：$Q_1^* = \dfrac{D_1}{n^*} = \dfrac{300 \times 12}{60} = 60$（台）

系列 2 经济订货批量：$Q_2^* = \dfrac{D_2}{n^*} = \dfrac{30 \times 12}{60} = 6$（台）

系列 3 经济订货批量：$Q_3^* = \dfrac{D_3}{n^*} = \dfrac{1200 \times 12}{60} = 240$（台）

完全联合订货和单独订货相比，3 种系列汽车的进价没有变化，即两个订货策略下的材料成本相同，可以不纳入比较。完全联合订货和单独订货的成本对比如表 5-12 所示。

表 5-12 完全联合订货和单独订货的成本比较

方法	项目	系列 1	系列 2	系列 3	总计
完全联合订货	↓年订货次数 / 次		60		60
	经济订货批量 / 台	60	6	240	
	↓年订货成本 / 万元	60	150	42	252
	↓年库存持有成本 / 万元	72	12	168	252
	↓库存总成本 / 万元	132	162	210	504
单独订货	年订货次数 / 次	46	14	77	137
	经济订货批量 / 台	77	25	187	
	年订货成本 / 万元	93	50	131	274
	年库存持有成本 / 万元	93	50	131	274
	库存总成本 / 万元	186	100	262	548

注：不存在价格折扣，材料成本相同，故材料成本不参与比较。

相比于单独订货，完全联合订货的年订货次数减少 77 次，库存总成本降低了 8%。

5.2.3　部分联合订货库存优化

进一步观察系列 1、系列 2、系列 3 的需求量，3 个系列的需求量差异很大，系列 3 月需求高达 1200 台，系列 2 月需求只有 30 台，系列 1 月需求为 300 台，因此系列 3 属于高需求品类，系列 2 属于低需求品类，系列 1 属于中等需求品类。那么联合订货以后，这 3 种品类的成本是怎样变化的呢？将这 3 种需求品类的成本变化绘制成图 5-14。在完全联合订货策略下，系列 2（低需求）品类库存总成本增加 62%，其中年订货成本增加了 2 倍，不利于成本的节约，也体现了完全联合订货策略忽略产品需求特点的缺点。

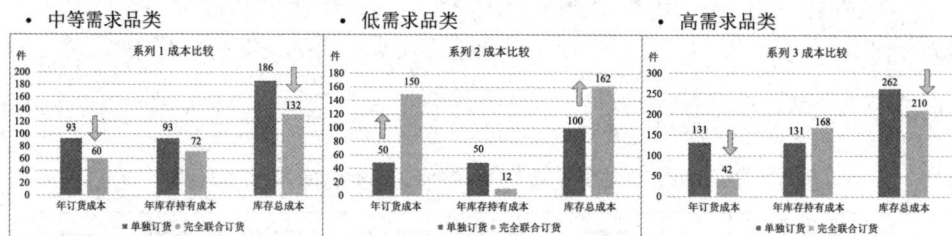

图 5-14　不同需求品类成本比较

考虑订货成本发生变化的情况，假设系列 2 的特定订货成本提升到 5 万元，计算结果如表 5-13 所示，虽然完全联合订货的年订货次数减少 88 次，但是库存总成本增加 12%。在完全联合订货策略下，系列 2（高特定订货成本）品类库存总成本反而大于单独订货库存总成本，其原因是忽略了不同品类的成本结构。

表 5-13　系列 2 汽车特定订货成本提升后完全联合订货和单独订货的成本比较

方法	项目	系列 1	系列 2	系列 3	总计
单独订货	年订货次数 / 次	46	11	77	134
	经济订货批量 / 台	77	34	187	
	年订货成本 / 万元	93	72	131	296
	年库存持有成本 / 万元	93	68	131	292
	库存成本 / 万元	186	140	262	588

续表

方法	项目	系列 1	系列 2	系列 3	总计
完全联合订货	年订货次数 / 次		46		46
	经济订货批量 / 台	78	8	313	399
	年订货成本 / 万元	23+23	23+230	23+9	331
	年库存持有成本 / 万元	94	16	219	329
	库存成本 / 万元	140	269	251	660

低需求品类往往只需要较低频率的订货。完全联合订货的缺点在于没有考虑到不同产品需求特点和成本结构差异，导致原本需低频率订货的产品不得不高频率订货，反而提升了成本。因此需要根据产品需求特点，计算不同品类的订货频率，确定多品类部分联合订货策略。

部分联合订货主要思路：

①找到订货频率最高的产品，以它的订货次数为基准；

②调整其他低频率订货的产品的订货时间和周期，使高频率订货的产品补货周期为低频率订货的产品补货周期的整数倍；

③不改变调整后的订货频率，并保证产品的订货和运输同时发生；

④确定总体订货策略并计算库存总成本。

部分联合订货周期如图 5–15 所示。

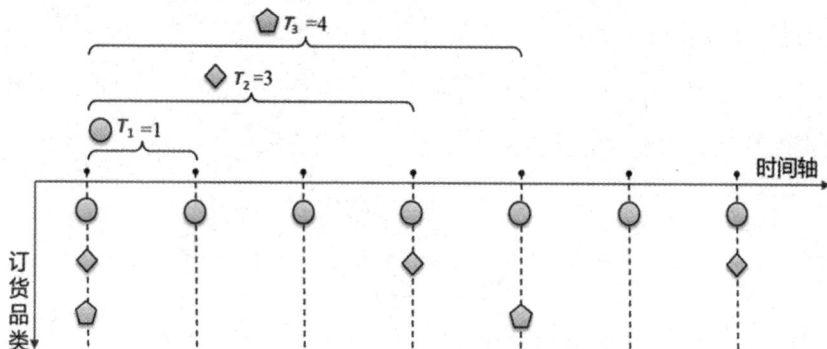

图 5–15 部分联合订货周期

假设共有 l 种品类，各个品类 i 的基本订货成本为 s_0，特定订货成本为 s_i。用以下方法选出一个最优订货策略。

步骤 1：比较所有品类的订货频率，找到订货频率最高的产品，以它的订货次数为基准。对于产品 i，固定订货成本为 $S_i = s_0 + s_i$，利用以下公式计算订货次数（注意，本公式用固定订货成本 S_i 计算）。

$$n_i = \sqrt{\frac{D_i h C_i}{2 S_i}}$$

比较 n_i，选出最大值 n_i^*，计为 n^*，对应的品类为 i^*，i^* 即为订货频率最高的品类，每次都参与订货。需要注意的是，这里得到的 n^* 是一个中间结果，并非品类 i^* 的实际订货次数。

步骤 2：计算剩余品类（$i \neq i^*$）的订货频率（本公式用特定订货成本 s_i 计算）。

$$\overline{n_i} = \sqrt{\frac{D_i h C_i}{2 s_i}}$$

步骤 3：使低频率订货品类每隔几次就与高频率订货品类一起订货，计算倍数关系。

$$m_i = \left\lceil \frac{n^*}{n_i} \right\rceil$$

m_i 向上取整（例如计算结果为 4.1，则向上取整为 5），品类 i 每 m_i 次订货就与最高频率订货品类 i^* 一起订货。

步骤 4：利用以下公式，重新计算订货品类 i^*、i（$i \neq i^*$）的订货次数 n、n_i（本公式用特定订货成本 s_i 计算）。

$$n = \sqrt{\frac{\sum_{1 \leqslant i \leqslant l} D_i h C_i m_i}{2 \left(s_0 + \sum_{1 \leqslant i \leqslant l} \dfrac{s_i}{m_i} \right)}}$$

$$n_i = \frac{n}{m_i}$$

至此，得到了订货频率最高的品类 i^* 和其他品类 i（$i \neq i^*$）的实际订货次数。

步骤 5：计算最终的库存总成本。

$$TC = \sum_{1 \leqslant i \leqslant l} D_i C_i + n s_0 + \sum_{1 \leqslant i \leqslant l} n_i s_i + \sum_{1 \leqslant i \leqslant l} \frac{D_i h C_i}{2 n_i}$$

系列 2 的特定订货成本为 5 万元，采用部分联合订货策略，成本如表 5–14 所示。订货频率最高的品类为系列 3，$n^*=77$。$\bar{n}_1=93$，$\bar{n}_2=12$，则 $m_1 = \left\lceil \dfrac{77}{93} \right\rceil = 1$，$m_2 = \left\lceil \dfrac{77}{12} \right\rceil = 7$。系列 3、系列 1、系列 2 的订货次数分别为 $n=81.7$，$n_1=81.7$，$n_2=11.7$。

表 5–14　系列 2 的特定订货成本为 5 万元时部分联合订货下的成本

项目	系列 1	系列 2	系列 3	总计
年订货次数 / 次	81.7	11.7	81.7	175.1
经济订货批量 / 台	44	31	176	251
年订货成本 / 万元	41(特定)	58(特定)	139(基础＋特定)	238
年库存持有成本 / 万元	53	62	123	238
库存成本 / 万元	94	120	262	476

部分联合订货策略下，库存总成本为 476 万元，相比于单独订货的 548 万元节约了 19%。不同订货策略下的订货次数如图 5–16 所示。

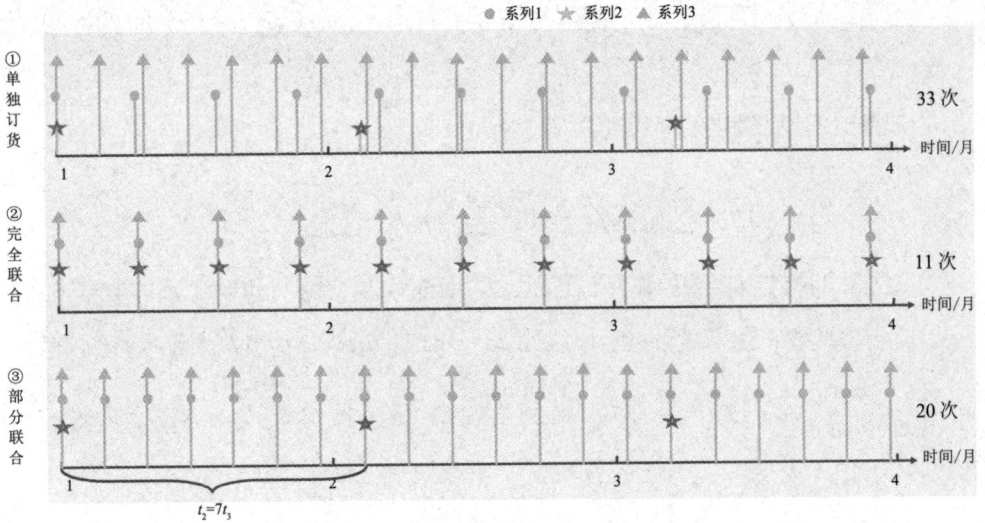

图 5-16　不同订货策略下的订货次数

如果不同需求特征和成本结构的产品联合订货，完全联合订货策略不一定能节约成本。当特定订货成本很低且相差不大时，采用完全联合订货策略；当特定订货成本很高或相差很大时，采用部分联合订货策略。

第 **6** 章

多级周转库存优化方法

单级周转库存优化研究供应链中的单一层级节点，例如仓库或零售店，目标是确定特定节点的最佳订货批量和时间，使库存总成本最小化。多级周转库存优化研究供应链网络中的多个层级，考虑不同层级之间的相互依赖性、交货时间、运输成本和需求波动，将多个层级的库存决策整合在一起，以提升供应链网络的整体绩效。多级周转库存优化需要在供应链网络中平衡库存水平，从而确保资源的有效利用和客户服务水平的提高。从单级到多级周转库存优化的转变，反映了供应链日益复杂化，以及对集成和数据驱动方法的需求。

6.1　多级周转库存优化场景

我们继续来看长春汽车案例的场景 5。

长春市一家汽车销售企业有 3 家 4S 店，销售某品牌的系列 1、系列 2、系列 3 三种汽车。在主机厂→分拨中心→4S 店的三级供应链体系中，该分拨中心整合 3 家 4S 店的订单信息，向主机厂发出订货订单，然后主机厂向分拨中心供应汽车，再由分拨中心根据订单将汽车分配到 4S 店，如图 6-1 所示。

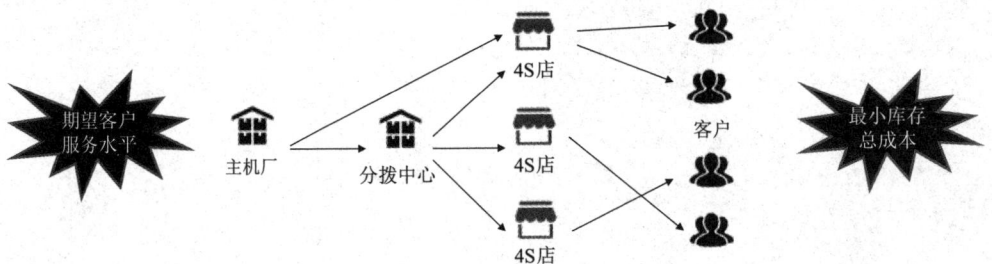

图 6-1　汽车销售多级供应链结构

对于单级周转库存优化，我们关心该供应链的一个层级，即 4S 店的周转库存优化问题；对于多级周转库存优化，会同时关心分拨中心、4S 店，甚至主机厂的库存优化问题，主要问题如下。

- 分拨中心和 4S 店应分别间隔多久盘点库存？
- 分拨中心和 4S 店应分别间隔多久订一次货？
- 分拨中心和 4S 店分别订多少货可以满足客户需求？

与单级周转库存优化相比较，多级周转库存优化具有以下特点。

（1）需求传递与协调

多级周转库存优化需要分析层级间需求，包括下游层级对上游层级的需求，以及考虑多级供应链中各层级的牛鞭效应（Bullwhip Effect）。

（2）经济订货批量（EOQ）整合

根据上游层级为下游层级服务的需求来整合和协调各层级的 EOQ。例如，下游层级需求的波动和订货策略会影响上游层级的库存决策。

（3）订货周期协同

需要决定各层级之间是否采用同步的订货周期（即多个层级同时订货），还是根据各自的需求和供应情况设定不同的周期。同步订货有助于协调库存和运输，分步订货更灵活和高效。

6.2　考虑需求传递和需求波动的多级 EOQ 模型

在多级供应链中，确定上游层级的需求需要综合考虑下游层级的需求及其波动。这一过程可以通过特定的模型和公式，将 EOQ 整合到多级供应链中进行量化。

（1）需求传递模型

在多级供应链中，上游层级的需求是下游层级需求的总和。设有多个下游节点 i 对上游节点 j 的需求为 D_i，上游节点的总需求 D_j 可以表示为：

$$D_j = \sum_{i=1}^{n} D_i$$

其中，n 为下游节点的数量。

该模型假设各下游节点的需求是独立的，并且可以被上游节点精准预见。然而，在实际供应链中，需求通常是随机的且波动的。因此，需要进一步考虑需求波动对上游需求的影响。

（2）周期性需求波动模型

下游节点的需求波动会影响上游节点的需求。下游节点的需求不仅仅是平均需求量，还包括订货周期带来的波动，这种波动可以通过以下公式来表达：

$$D_j = \sum_{i=1}^{n}(D_i + \sigma_i)$$

其中：

D_j 是上游节点 j 的需求；

D_i 是下游节点 i 的需求；

σ_i 是下游节点 i 的需求波动性（通常以标准差表示）。

（3）牛鞭效应模型

在多级供应链中，需求波动会逐级放大，牛鞭效应描述了下游需求波动逐级放大的现象。牛鞭效应的影响可以用以下公式近似计算：

$$D_j = \sum_{i=1}^{n} D_i \sqrt{\frac{L_j + T_i}{T_i}}$$

其中：

D_j 是上游节点 j 的需求；

D_i 是下游节点 i 的需求；

L_j 是上游节点 j 的提前期；

T_i 是下游节点 i 的订货周期。

此模型表明了随着提前期和订货周期的增大，需求波动将被进一步放大。

（4）EOQ 多级需求模型

为了优化每个层级的库存管理，需要将 EOQ 与多级需求模型整合。整合后 EOQ 的计算公式为：

$$\mathrm{EOQ}_j = \sqrt{\frac{2D_j S_j}{H_j}}$$

其中：

D_j 是上游节点 j 的需求；

EOQ_j 是上游节点 j 的经济订货批量；

S_j 是上游节点 j 的订货成本；

H_j 是上游节点 j 的库存持有成本。

下面我们通过一个简化的算例来演示如何在供应链网络中应用整合后的多级 EOQ 模型。

算例描述如下。

假设有一个 3 层供应链结构，其中包含 2 个零售商（下游层级，需求由市场决定），1 个批发商（中间层级，满足零售商的需求），1 个制造商（上游层级，满足批发商的需求）。考虑需求传递、需求波动和牛鞭效应对上游需求的影响，为每个层级计算 EOQ 和库存总成本。

已知数据如下。

零售商 1 的需求（D_{R1}）：年需求量为 6 000 单位。

零售商 1 的需求波动性（σ_{R1}）：标准差为 600 单位。

零售商 2 的需求（D_{R2}）：年需求量为 4 000 单位。

零售商 2 的需求波动性（σ_{R2}）：标准差为 400 单位。

批发商的需求（D_W）：年需求量为 2 个零售商需求之和，会受到需求波动和牛鞭效应的影响。

批发商的需求波动性（σ_W）：将考虑牛鞭效应对其的影响。

制造商的需求（D_M）：年需求量为批发商的需求。

制造商的需求波动性（σ_M）：同样考虑牛鞭效应。

单次订货成本（S）：零售商、批发商、制造商的单次订货成本分别为 50 元、100 元、200 元。

单位库存持有成本（H）：零售商、批发商、制造商的单位库存持有成本分别为 10 元、15 元、20 元。

提前期（L）：批发商和制造商的提前期分别为 2 周（0.04 年）和 4 周（0.08 年）。

步骤 1：计算每个零售商的 EOQ 和库存总成本。

零售商 1 的 EOQ 和库存总成本如下。

$$\text{EOQ}_{R1} = \sqrt{\frac{2D_{R1}S_{R1}}{H_{R1}}} = \sqrt{\frac{2 \times 50 \times 6\,000}{10}} = 245 \text{（单位）}$$

订货次数 $_{R1}$=6 000÷245=24.49（次）

$$\text{库存持有成本}_{R1} = \frac{\text{EOQ}_{R1}}{2} \times H_{R1} = \frac{245}{2} \times 10 = 1\,225 \text{（元）}$$

订货成本 $_{R1}$= 订货次数 $_{R1}$×S_{R1}=24.49×50=1 225（元）

库存总成本 $_{R1}$=1 225+1 225=2 450（元）

零售商 2 的 EOQ 和库存总成本如下。

$$\text{EOQ}_{R2} = \sqrt{\frac{2D_{R2}S_{R2}}{H_{R2}}} = \sqrt{\frac{2 \times 50 \times 4\,000}{10}} = 200 \text{（单位）}$$

订货次数 $_{R2}$=4 000÷200=20（次）

$$\text{库存持有成本}_{R2} = \frac{\text{EOQ}_{R2}}{2} \times H_{R2} = \frac{200}{2} \times 10 = 1\,000 \text{（元）}$$

订货成本 $_{R2}$= 订货次数 $_{R2}$×S_{R2}=20×50=1 000（元）

库存总成本 $_{R2}$=1 000+1 000=2 000（元）

步骤 2：计算批发商的总需求、EOQ 和库存总成本。

批发商的需求波动和总需求如下。

$D_W=D_{R1}+D_{R2}$=6 000+4 000=10 000（单位）；T_{R1}=1÷24.49=0.04，T_{R2}=1÷20=0.05

需求波动：

$$\sigma_W = \sigma_{R_1} \times \sqrt{\frac{L_W + T_{R_1}}{T_{R_1}}} + \sigma_{R_2} \times \sqrt{\frac{L_W + T_{R_2}}{T_{R_2}}} = 600 \times \sqrt{\frac{0.04 + 0.04}{0.04}} + 400 \times \sqrt{\frac{0.04 + 0.05}{0.05}} = 1\,385 \text{（单位）}$$

批发商总需求：

$D_{Wtotal}=D_W+\sigma_W=10\,000+1\,385=11\,385$（单位）

批发商的 EOQ：

$$EOQ_W=\sqrt{\frac{2D_{wtotal}S_W}{H_W}}=\sqrt{\frac{2\times100\times11\,385}{15}}=390\,（单位）$$

订货次数 $_W$=11 385÷390=29.2（次）

批发商库存总成本：

$$总持有成本_W=\frac{EOQ_W}{2}\times H_W=\frac{390}{2}\times15=2\,925\,（元）$$

订货成本 $_W$= 订货次数 $_W\times S_W$=29.2×100=2 925（元）

库存总成本 $_W$=2 925+2 920=5 845（元）

步骤 3：计算制造商的总需求、EOQ 和库存总成本。

制造商的需求波动和总需求如下，T_W=1÷29.2=0.034。

需求波动：

$$\sigma_M=\sigma_W\times\sqrt{\frac{L_M+T_W}{T_W}}=1\,385\times\sqrt{\frac{0.08+0.034}{0.034}}=1\,385\times1.831=2\,536\,（单位）$$

制造商总需求：

$D_{Mtotal}=D_{Wtotal}+\sigma_M=11\,385+2\,536=13\,921$（单位）

制造商的 EOQ：

$$EOQ_M=\sqrt{\frac{2D_{Mtotal}S_M}{H_M}}=\sqrt{\frac{2\times13\,921\times200}{20}}=528\,（单位）$$

订货次数 $_M$=13 921÷528=26.4（次）

制造商库存总成本：

$$库存持有成本_M=\frac{EOQ_M}{2}\times H_M=\frac{528}{2}\times20=5\,280\,（元）$$

订货成本 $_M$= 订货次数 $_M\times S_M$=26.4×200=5 280（元）

库存总成本 $_M$=5 280+5 280=10 560（元）

步骤 4：计算供应链库存总成本。

将所有层级的库存总成本相加，得到供应链库存总成本。

供应链库存总成本 = 库存总成本 $_{R1}$+ 库存总成本 $_{R2}$+ 库存总成本 $_W$+ 库存总成本 $_M$=2 450+2 000+5 497+10 533=20 480（元）

6.3 加入运输和仓容的多级 EOQ 模型

在供应链多级周转库存优化中，除了考虑站点的库存成本外，还需要考虑上下游运输和仓容的影响，如图 6-2 所示。

图 6-2 运输和仓容对多级周转库存的影响

（1）运输

运输是影响多级周转库存非常重要的因素，主要体现在运输成本和运输时间两个方面，需要被纳入优化模型中进行综合考虑。

运输成本通常与订货批量和频率密切相关。例如，较大批量的订单可能会享受较低的运输单位成本（如使用整车运输或满载运输），但会提升库存持有成本。而较小批量的订单可能提升运输成本（如使用零担运输），但可以降低库存持有成本。运输频率高，上游对下游的补货时间间隔短，则下游不需要持有过多的库存。在多级供应链中，各层级之间的运输频率和批量会直接影响供应链的整体库存水平和成本。因此，忽略运输成本可能导致采用次优的库存和订货策略。

选择不同的运输方式（如空运、海运、陆运）会显著影响运输成本、运输时间以及库存水平。较快的运输方式可以减少运输时间，从而减少提前期，降低库存持有水平，提高需求响应性，但运输成本较高；较慢的运输方式成本低，但需要有较高的库存水平。为了应对需求波动或供应链中断，可能需要采用应急运输方式（如加急运输），这会带来额外的运输成本。在多级周转库存优化中，合理选择运输方式以平衡成本与服务水平，是重要的优化内容。

那么，如何将运输成本纳入多级周转库存优化呢？

运输成本分为固定运输成本和变动运输成本。固定运输成本是每次运输的固定费用，与运输量无关，与运输次数相关，因此固定运输成本与订货成本的处理方式类似。变动运输成本是与运输量相关的费用，如每单位货物的运输费用。通常，由于规模经济效应，运输批量越大，每单位的运输成本越低。考虑运输成本的多级 EOQ 模型的计算公式如下：

$$EOQ_j = \sqrt{\frac{2D_j(T_{jf} + S_j)}{T_{jv} + H_j}}$$

其中：

T_{jf} 是节点 j 承担的固定运输成本；

T_{jv} 是节点 j 承担的变动运输成本。

引入运输成本后，库存优化目标就变为使库存持有成本、订货成本以及运输成本最小化。目标函数可以表示为：

$$最小库存总成本 = \sum_{i=1}^{n}（库存持有成本 + 订货成本 + 运输成本）$$

其中，运输成本 = 固定运输成本 + 运输批量 × 变动运输成本。

此外，运输时间是影响提前期的重要因素，交货时间限制对运输方式选择和库存总成本有显著影响。交货时间短时，要求有更快的运输速度，因此需要选择更快但更昂贵的运输方式。

（2）仓容

仓容是另一限制因素。大批量订购虽然能够降低订货成本和运输成本，但是受到仓容的限制，站点可能没有足够的空间放置大批量的货物。因此，订货批量不能超过最大仓容。如果需要更大的仓容，就需要追加固定资产投资，或者支付更多仓库租金。这体现了供应链优化属于系统性优化，如果仅单一考虑某种成本的影响，最终的供应链库存总成本可能很高。

接下来对上一节的算例进行改变，介绍如何将运输和仓容纳入供应链周转库存优化之中。

算例描述如下。

假设有一个 3 层供应链结构，其中包含 2 个零售商（下游层级，需求由市场决定），1 个批发商（中间层级，满足零售商的需求），1 个制造商（上游层级，满足批发商的需求）。考虑运输成本、运输时效和交货时间限制对上游需求的影响，为每个层级计算 EOQ 和库存总成本（为了简化，在此暂不考虑需求波动性）。

已知数据如下。

零售商 1 的需求（D_{R1}）：年需求量为 6 000 单位。

零售商 2 的需求（D_{R2}）：年需求量为 4 000 单位。

批发商的需求（D_W）：年需求量为 2 个零售商需求之和。

制造商的需求（D_M）：年需求量为批发商的需求。

单次订货成本（S）：零售商、批发商、制造商的单次订货成本分别为 50 元 / 次、100 元 / 次、200 元 / 次。

单位库存持有成本（H）：零售商、批发商、制造商的单位库存持有成本分别为 10 元 / 单位、15 元 / 单位、20 元 / 单位。

运输成本：空运固定成本 800 元 / 次，变动成本 5 元 / 单位；陆运固定成本 500 元 / 次，变动成本 2 元 / 单位。

零售商 1 距离批发商 300 千米，零售商 2 距离批发商 800 千米。制造商距离批发商 700 千米。无论距离远近，空运时间为 2 天。陆运 300 千米以内为 1 天，300 ~ 800 千米为 3 天。备货时间为 1 天。

两个零售商都要求批发商在 3 天内交货，批发商要求制造商在 10 天内交货，各层级均不能缺货。

步骤 1：计算零售商的 EOQ 和库存总成本。

根据常规的供应链运营过程，运输成本一般由上游节点承担，因此零售商没有运输成本，零售商的 EOQ 和库存总成本不发生变化。

零售商 1：EOQ_{R1}=245（单位），库存总成本 $_{R1}$=2 450（元）。

零售商 2：EOQ_{R2}=200（单位），库存总成本 $_{R2}$=2 000（元）。

步骤 2：计算批发商的 EOQ 和库存总成本。

首先需要分析批发商应该用哪种运输方式为零售商送货。

由于零售商 1 距离批发商较近，选择空运和陆运均能满足交货时间 3 天的要求，因此可以选择陆运来降低成本。零售商 2 距离批发商较远，如果选择陆运，运输时间为 3 天，加上备货时间 1 天，总时间为 4 天，不符合交货时间限制。因此，批发商需要选择空运为零售商 2 送货。根据以上选择，重新计算批发商的 EOQ。

重新计算批发商对零售商 1 的 EOQ：

$$EOQ_{W1} = \sqrt{\frac{2D_{R1}(T_{f陆} + S_w)}{T_{v陆} + H_W}} = \sqrt{\frac{2 \times 6\,000 \times (500 + 100)}{2 + 15}} = 651 \text{（单位）}$$

$$订货次数_{w1} = \frac{6\,000}{651} = 9.22 \text{（次）}$$

批发商对零售商 1 的库存持有成本：

$$库存持有成本_{w1} = \frac{EOQ_{W1}}{2} \times H_w = \frac{651}{2} \times 15 = 4\,882.5 \text{（元）}$$

$$订货成本_{w1} = 订货次数_{w1} \times S_w = 9.22 \times 100 = 922 \text{（元）}$$

运 输 成 本$_{w1}$= 订 货 次 数$_{w1} \times T_{f陆} + D_{R1} \times T_{v陆} = 9.22 \times 500 + 6\,000 \times 2 = 16\,610$（元）

批发商对零售商 1 的库存总成本：

$$库存总成本_{w1} = 4\,882.5 + 922 + 16\,610 = 22\,414.5 \text{（元）}$$

批发商对零售商 2 的 EOQ：

$$EOQ_{W2} = \sqrt{\frac{2D_{R2}(T_{f空} + S_w)}{T_{v空} + H_W}} = \sqrt{\frac{2 \times 4\,000 \times (800 + 100)}{5 + 15}} = 600 \text{（单位）}$$

$$订货次数_{w2} = \frac{4\,000}{600} = 6.67 \text{（次）}$$

批发商对零售商 2 的库存持有成本：

$$库存持有成本_{w2} = \frac{EOQ_{W2}}{2} \times H_w = \frac{600}{2} \times 15 = 4\,500 \text{（元）}$$

$$订货成本_{w2} = 订货次数_{w2} \times S_w = 6.67 \times 100 = 667 \text{（元）}$$

运 输 成 本$_{w2}$= 订 货 次 数$_{w2} \times T_{f空} + D_{R2} \times T_{v空} = 6.67 \times 800 + 4\,000 \times 5 = 25\,336$（元）

批发商对零售商 2 的库存总成本：

库存总成本 $_{w2}$=4 500+667+25 336=30 503（元）

批发商库存总成本：

库存总成本 $_w$= 库存总成本 $_{w1}$+ 库存总成本 $_{w2}$=22 414.5+30 503=52 917.5（元）

步骤 3：计算制造商的 EOQ 和库存总成本。

由于制造商交货期限是 10 天，因此陆运可以满足需求，采用陆运方式。

$$EOQ_M = \sqrt{\frac{2D_{Mtotal}(T_{f陆}+S_M)}{T_{v陆}+H_M}} = \sqrt{\frac{2 \times 10\ 000 \times (500+200)}{2+20}} = 798（单位）$$

订货次数 $_M$=10 000÷798=12.5（次）

制造商库存总成本：

库存持有成本 $_M$= $\dfrac{EOQ_M}{2} \times H_M = \dfrac{798}{2} \times 20 = 7\ 980$（元）

订货成本 $_M$= 订货次数 $_M \times S_M$=12.5×200=2 500（元）

运输成本 $_M$= 订货次数 $_M \times T_{f陆}+D_M \times T_{v陆}$=12.5×500+10 000×2=26 250（元）

库存总成本 $_M$=7 980+2 500+26 250=36 730（元）

步骤 4：计算供应链库存总成本。

将所有层级的库存总成本相加，得到供应链库存总成本。

供应链库存总成本 = 库存总成本 $_{R1}$+ 库存总成本 $_{R2}$+ 库存总成本 $_w$+ 库存总成本 $_M$=2 450+ 2 000+52 917.5+36 730=94 097.5（元）

受交货期限的影响，批发商被迫为零售商 2 选择更昂贵的空运，这导致批发商要为零售商 2 每年 4 000 单位的需求量支付 30 503 元的成本，平均每单位需求的库存成本为 7.63 元。批发商为零售商 1 每年 6 000 单位的需求量支付 22 414.5 元的成本，平均每单位需求的库存成本为 3.74 元，将近零售商 2 单位库存成本的一半。这一结果显示了在供应链优化中，交货时间限制对运输方式选择和库存总成本有显著影响。在交货时间要求紧迫的情况下，批发商可以采取额外措施来避免使用昂贵的运输方式，如通过需求预测提前备货并将库存前置于零售商处，以缩短响应距离，并确保满足交货时间要求。这种库存和运输的权衡在供应链管理中非常常见。

考虑仓容限制的 EOQ 该如何计算呢？

有时候仓容是已知的，比如知道每个站点的仓容数据；有时候没有给定仓容，但已知库存周转率和年需求量，就可以用年需求量与库存周转率的比值近似代替仓容。

我们在以上的算例中加入库存周转率的条件。

零售商 1：库存周转为 8 次 / 年。零售商 2：库存周转率为 25 次 / 年。其他条件不变。那么可以计算出零售商 1、零售商 2 的仓容。

零售商 1 允许的最大库存量：

$$最大库存量 _{R1} = \frac{6\,000}{8} = 750（单位）$$

零售商 2 允许的最大库存量：

$$最大库存量 _{R1} = \frac{4\,000}{25} = 160（单位）$$

$EOQ_{R1} = 245$ 单位 < 750 单位，所以零售商 1 的订货批量不变。

$EOQ_{R2} = 200$ 单位 > 160 单位，所以零售商 2 的订货批量要调整到 160 单位，再进入后续计算。

6.4　多级周转库存优化建模

（1）定义供应链网络结构

多级周转库存优化建模首先要定义供应链网络结构。定义供应链网络结构首先要确定供应链的实体站点，包括客户、站点（如配送中心、分拨中心、工厂等），绘制供应链网络图；其次要确定实体站点间的流动关系；最后收集数据，包括每个层级的交货时间、需求模式、运输成本、库存持有成本和客户服务水平要求等数据。

（2）建立目标函数

目标函数是使整个供应链的库存总成本最小化的函数，同时满足服务水平要求。库存总成本包括库存持有成本、订货成本、缺货成本和运输成本。

$$\min Z = \sum_{i=1}^{n} (h_i \cdot I_i + o_i \cdot D_i / Q_i + v_i \cdot V_i) + \sum_{i=1}^{n} \sum_{j=1}^{m} (f_{ij} \cdot F_{ij})$$

其中：

Z——总成本；

n——供应链中的库存节点数；

m——运输路径中的到达节点数；

h_i——节点 i 的单位库存持有成本；

I_i——节点 i 的库存量；

o_i——节点 i 的订货成本；

Q_i——节点 i 的订货批量；

D_i——节点 i 的年需求量；

v_i——节点 i 的单位缺货成本；

V_i——节点 i 的缺货量；

f_{ij}——从出发节点 i 到到达节点 j 的运输成本；

F_{ij}——从出发节点 i 到到达节点 j 的运输量。

（3）约束条件

①库存平衡约束。

库存平衡约束可以表示为：

$$I_{it} = I_{i(t-1)} + Q_{it} - D_{it}$$

其中：

I_{it}——节点 i 在 t 时刻的库存量。

$I_{i(t-1)}$——节点 i 在 $t-1$ 时刻的库存量。

Q_{it}——节点 i 在 t 时刻的补货量，可以进一步细化为从不同上游节点到达节点 i 的补货量之和。例如，如果有多个供应商或上游仓库，可以表示为：

$$Q_{it} = \sum_{m=1}^{n} q_{(t,mi)}$$

其中 $q_{(t,mi)}$ 表示从第 m 个上游节点在 t 时刻到达节点 i 的补货量；

D_{it} 表示节点时间 t 时刻的需求量。

②服务水平约束。

$$P(V_i \leqslant L_i) \geqslant \beta_i$$

其中 L_i 是节点 i 的最大允许缺货量，β_i 是客户服务水平。

③非负性约束。

$$I_i, Q_i, V_i \geqslant 0$$

④容量约束（如果有仓储或运输限制）。

$$I_i \leqslant C_i$$

其中 C_i 是节点的最大库存容量。

⑤交货时间约束。

$$T_{ij} \leqslant L_{ij}$$

其中 T_{ij} 是从出发节点 i 到到达节点 j 的交货时间，L_{ij} 是从出发节点 i 到到达节点 j 的最大允许交货时间。

（4）决策变量

订货批量 Q_i：节点 i 的订货批量。这个变量决定了每次订货的数量。

库存量 I_i：节点 i 的库存量。这个变量表示在每个节点上持有的库存数量。

缺货量 V_i：节点 i 的缺货量。这个变量表示在每个节点上未能满足的需求数量。

运输量 F_{ij}：从出发节点 i 到到达节点 j 的运输量，表明了上下游节点间的流量关系。

根据需求特征分析推荐的补货策略，可以加入补货策略约束。

补货策略约束如下。

①（s, S）策略约束。

$Q_i = S_i - I_i$ if $I_i < s_i$，当库存量 I_i 低于订货点 s_i 时，订货批量 Q_i 使得库存量达到 S_i。

$Q_i = 0$ if $I_i \geqslant s_i$，当库存量 I_i 高于或等于订货点 s_i 时，不进行订购。

决策变量为订货点 s_i、目标库存水平 S_i、订货批量 Q_i、库存量 I_i、缺货量 V_i、运输量 F_{ij}。

②（T, S）策略约束。

每隔固定时间周期检查库存，并将库存补充至目标库存水平 S_i。

$$Q_i = S_i - I_i \ \text{at time} \ T$$

决策变量为目标库存水平 S_i、时间周期 T、订货批量 Q_i、库存量 I_i、缺货量 V_i、运输量 F_{ij}。

③（R, Q）策略约束。

当库存量 I_i 低于订货点 s_i 时，订购固定数量 q。

$$Q_i = q \ \text{if} \ I_i < s_i$$

当库存量 I_i 高于或等于订货点 s_i 时，不进行订购。

$$Q_i = 0 \ \text{if} \ I_i \geqslant s_i$$

决策变量为订货点 s_i、订货批量 Q_i、库存量 I_i、缺货量 V_i、运输量 F_{ij}。

建立模型之后，可以应用优化算法（如线性规划、动态规划等）来寻找多级周转库存的最优设置，还可以通过仿真模型模拟供应链各层级的运行，评估不同周转库存策略对整体库存水平和供应链绩效的影响。

6.5 多级周转库存优化协调策略

多级周转库存优化协调策略通过协调供应链各环节之间众多参与主体的订货行为，优化周转库存，从而降低供应链总成本。

例如，在一个简单的 1 个生产商和 1 个零售商的二级供应链中，零售商每次订货量为 Q，经历时间 T 完成所有产品的销售。假设生产是即刻发生的，不需要提前期，产品生产出来后等待客户订货后发出。零售商的平均库存为 $Q/2$，但是生产商的平均库存为 Q，如图 6–3 所示。

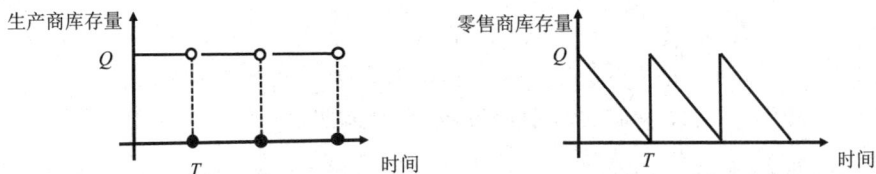

图 6-3　非协同订货下生产商、零售商库存量随时间发生的变化

如果二者协同生产和订货过程，零售商提前将订货信息告知生产商，生产商在合适的时机完成生产并立即发货，那么生产商的平均库存约为 0（即不持有库存），零售商的平均库存为 $Q/2$，如图 6-4 所示，整条供应链的平均库存从原来的 $3Q/2$ 降低到 $Q/2$。

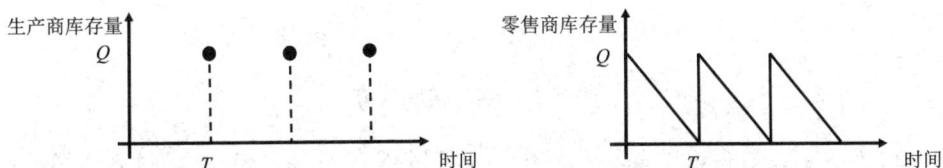

图 6-4　协同订货下生产商、零售商库存量随时间发生的变化

供应链上下游协调，能使订货时信息通畅。供应链上下游协同运作、共同制定补货策略，可以在不增加其余环节周转库存的前提下，优化供应链总周转库存，降低供应链成本。

6.5.1　定量订货下的协调策略

为了讨论订货的协调策略，引入级库存的概念。在一个供应链系统中，每一个阶段或每一层次称为一级。在系统的任何一个阶段或层次的级库存即为本级的所有库存加上所有下游库存。供应链级库存如图 6-5 所示。

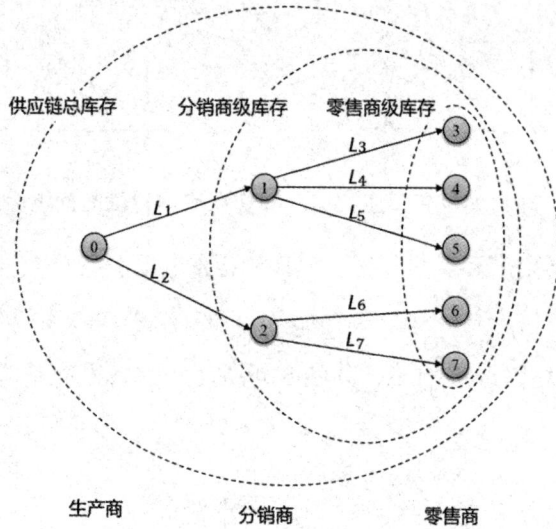

图 6-5　供应链级库存

图 6-5 中，零售商级库存为 5 个零售商的现有库存之和；分销商级库存为 2 个分销商现有库存、5 个零售商在途库存、零售商级库存之和；供应链总库存为生产商现有库存、2 个分销商在途库存及分销商级库存之和。

以分销商为例，分销商级库存 =1+2+3+4+5+6+7+L_3+L_4+L_5+L_6+L_7。

考虑级库存的供应链系统有以下基本假设：

- 参与主体的目标都相同，即系统库存总成本最小；
- 参与主体之间的库存信息在链条中共享；
- 参与主体均采用（R, Q）策略。

只有在以上假设条件下，才能保证协同订货策略有效实施。以图 6-5 展示的供应链结构为例，具体的订货策略实施步骤如下。

步骤 1：按照（R, Q）策略中的计算公式，求得 5 个零售商各自的订货批量、订货点。

$$Q_i^* = \sqrt{\frac{2DS}{hC}}$$

$$R_1 = \mathrm{SS} + L\mu = z\sigma\sqrt{L} + L\mu$$

式中：

D——消费者的年需求量；

S——零售商每次订货发生的固定成本（调整准备成本）；

h——单位产品库存持有成本费率；

C——产品的单价；

SS——零售商的安全库存；

μ——产品在单位时间内的需求均值；

L——零售商订货的提前期。

步骤2：按照以下公式，分别计算2个分销商的订货批量、级订货点。

$$Q_i^* = \sqrt{\frac{2DS}{hC}}$$

$$R_i = SS + L^e\mu = z\sigma\sqrt{L^e} + L^e\mu$$

式中：

D、S、h、C——均从各个分销商的角度出发，表示各个分销商的参数；

L^e——级提前期，生产商到分销商的提前期与分销商到零售商的最长提前期之和，以分销商1为例（下同），$L^e = L_1 + \max\{L_3, L_4, L_5\}$；

μ——综合零售商3、4、5的需求均值；

SS——计算安全库存时涉及标准差，选取汇集零售商3、4、5需求的标准差。

值得注意的是，此时计算的为级订货点。例如，当分销商1的级库存低于R_1时，向生产商订Q_1^*单位的产品；当生产商的产成品级库存低于R_0时，生产Q_0^*单位的产品。

下面我们为场景5加入协调策略。4S店对某系列汽车的需求服从正态分布，月需求均值为300台、标准差为5。分拨中心订货成本为25万元/次，提前期为7天，库存持有成本费率为20%，客户服务水平为95%。3家4S店的提前期均为2天。如果采用协调策略，且所有参与主体都采用（R，Q）策略，通过计算制定协调订货环境下分拨中心的补货策略。某品牌汽车的三级销售网络如图 6-6 所示。

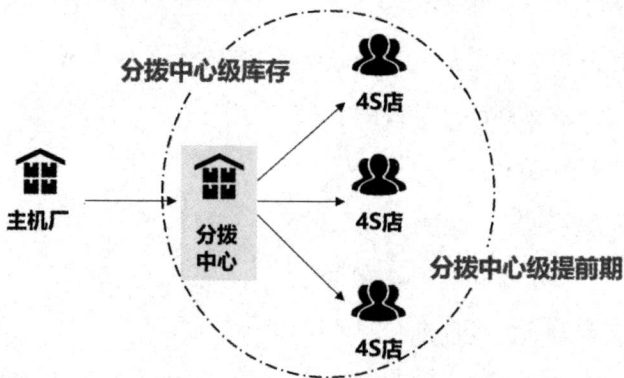

图 6-6　某品牌汽车的三级销售网络

计算分拨中心的订货批量、级订货点。

$$Q^* = \sqrt{\frac{2DS}{hC}} = \sqrt{\frac{2 \times (300 \times 12 \times 3) \times 250\,000}{0.2 \times 120\,000}} = 474\ (台)$$

$$R = z\sigma\sqrt{L^e} + L^e\mu = 1.65\left(\frac{5}{\sqrt{30}} \times \sqrt{3}\right) \times \sqrt{7+2} + (7+2) \times 300 \times \frac{3}{30} = 278\ (台)$$

协调订货环境下，分拨中心的级库存量低于 278 台时，立即下订单补货，补货量为 474 台。

6.5.2　定期订货下的协调策略

在上一小节的讨论中，假设参与主体均采用（R, Q）策略，得到的供应链协调策略在时间上不具有周期规律，因此还可以为某些层级在相同时间间隔内的订货选择同步订货策略，尽可能使上游层级的订货周期是下游层级订货周期的倍数。

假设这样一种情况，参与主体均采用（T, Q）策略或（T, S）策略，参与主体的目标依然为系统库存总成本最小，参与主体之间的库存信息实时共享。决策变量为各参与主体的订货周期 T、订货批量 Q 和最大库存量 S，探讨各个参与主体补货周期的关系。

（1）补货周期协调

补货周期协调的目的是协同 T 以解决供应链中不同需求特点的主体因订货频率不同而产生管理上的困难和成本上的不节约的问题。

在场景中引入允许越库作业（Cross Docking）的条件。越库作业是指在越库设施中接收来自各个供应商的货物，并立即按照客户订单需求及交货点进行拆包、分类、堆放，进而将货物装进预备好的车辆，送往各客户交货点。与传统仓库作业流程包括采购→入库→分拣→出库→配送等环节不同，越库作业不包括入库、分拣、出库，实现了采购→配送环节的直接衔接。因此越库作业具备节约仓储空间、提高仓库运作效率等诸多优点。

例如，某销售水果的连锁零售企业，在全国共有 2 000 多家连锁门店，拥有 100 多个水果种植基地。消费者对水果的新鲜度要求极高，因此水果不适宜长时间储存。当水果从供应商处到达分拨中心后，不再安排入库、分拣、出库，而是直接拆包、分类、堆放，进而将水果装进发往城市配送中心的车辆中，再从城市配送中心直接换装到配送车辆中并配送到门店。分拨中心和城市配送中心都属于越库设施。某零售企业越库作业如图 6-7 所示。

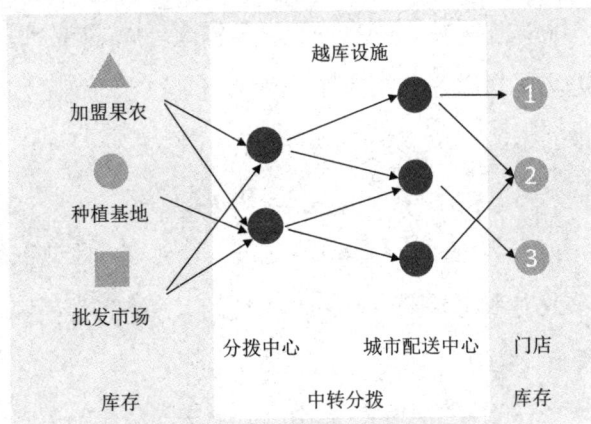

图 6-7 某零售企业越库作业

补货周期协调的方法是让各个参与主体的补货周期之间呈整数倍关系，如图 6-8 所示，最终优化整体库存。

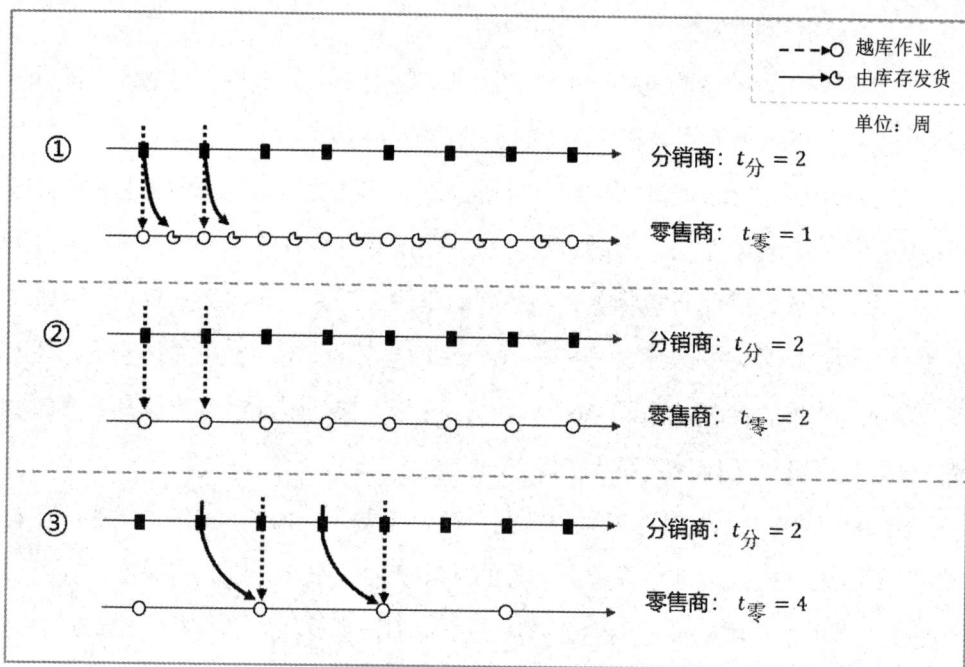

图 6-8　倍数补货周期

当分销商每两周补货一次（$t_分$=2）时，零售商选择的补货周期可以为 $t_零$=1，2，4，分别对应图 6-7 中的情景①、②、③。

情景①，分销商的上游两周到货一次，零售商每周都向分销商订货。那么每隔一周，零售商的需求可以在分销商处以越库作业的方式满足，采用越库作业的产品数占需求总量的 1/2。在不改变零售商库存水平的情况下，分销商库存水平降低了 1/2。

情景②，分销商与零售商的补货周期相同，分销商向零售商发货全部可以采用越库作业。在不改变零售商库存水平的情况下，分销商为零售商准备的库存得到了最大限度的降低，为 0。

情景③，每次配送到零售商的产品中，一半产品是分销商库存，一半产品来自越库作业，越库作业的产品数占需求总量的 1/2。

以上 3 个情景中，在不改变零售商库存水平的情况下，分销商库存水平分别降低了 50%、100%、50%。补货周期协调降低供应链总库存水平的关键在于越库作业能够顺利实施。在1个分拨中心只负责给1个城市配送中心供货的简单一对一场景中，令2个设施的补货周期相同是使库存水平最低的策略。对一对多的普遍场景，不同的城市配送中心可能以不同的频率向分拨中心订货，补货周期协调就比较复杂，因此可以采用以下方法简化。

- 将同级参与主体划分为多个参与主体群组，使同群组补货周期相同，并同时向上游订货（与上游协同）。
- 确定订货时间间隔，使每一个环节收到补货的时点至少与其向一个客户发出补货的时点同步（与下游协同）。
- 下游订货时间间隔 T_R >上游订货时间间隔 T_S，将下游的订货时间间隔设定为上游的倍数，且使补货同步化，以实施越库作业（全为越库作业）。
- 下游订货时间间隔 T_R <上游订货时间间隔 T_S，也将上游的订货时间间隔设定为下游的倍数，且使补货同步化，以实施越库作业（每 k 次配送中有1次越库作业）。
- 补货周期的调整仍取决于不同参与主体的调整准备成本、库存持有成本和需求等。

（2）制定补货策略的步骤

步骤1：各个参与主体根据实际情况，各自计算出补货周期的理论值。

步骤2：围绕补货周期理论值进行调整，使调整后的各值具有合理的倍数关系，确定实际补货周期 t。

步骤3：如果供应链采用了（ T, Q ）策略，则按照级库存中订货批量 Q_i^* 的公式计算订货批量；如果供应链采用了（ T, S ）策略，则按照以下公式计算各级的最大库存量 S_i。

$$S_i = \text{SS} + (T + L^e) \times \mu = z\sigma\sqrt{T + L^e} + (T + L^e)\mu$$

同样地，对（ T, S ）策略的新解释：以分销商1为例，其每经过时间周期 T_1 检查一次库存水平，同时发出补货订单，将分销商1级库存水平补充至 S_1；生产商每经过时间周期 T_0 检查一次库存水平，同时开始生产，将供应链总库存水平补

充至 S_0。

在 6.5.1 小节的算例中，当主机厂、分拨中心、4S 店都采用（T, S）策略时，通过计算制定协调订货环境下分拨中心的补货策略。

4S 店订货周期 $T_1 = 360 \times \sqrt{\dfrac{2S}{DhC}} = 360 \times \sqrt{\dfrac{2 \times 20\,000}{(300 \times 12) \times 0.2 \times 120\,000}} = 8$（天）

分拨中心订货周期 $T_2 = 360 \times \sqrt{\dfrac{2S}{DhC}} = 360 \times \sqrt{\dfrac{2 \times 250\,000}{(300 \times 12 \times 3) \times 0.2 \times 120\,000}} = 16$（天）

$T_2 = 2T_1$，符合倍数关系。

分拨中心的级最大库存量：

$$S_2 = z\sigma\sqrt{T + L^e} + (T + L^e)\mu = 1.65\left(\frac{5}{\sqrt{30}} \times \sqrt{3}\right) \times \sqrt{16 + 7 + 2} + (16 + 7 + 2) \times 300 \times \frac{3}{30} = 763 \text{（台）}$$

协调订货环境下，分拨中心每隔 16 天检查一次库存水平，同时发出补货订单，保证补货后的级库存水平为 763 台。

第 **7** 章

安全库存优化概述

  TechInnovate 是一家位于科技园区的高科技制造企业，以生产高性能智能手机闻名。凭借创新设计和卓越的产品性能，TechInnovate 在全球市场上占据了重要地位。随着公司规模的扩大和产品的多元化，在需求不确定性和供应链风险的双重压力下，其供应链管理变得愈加复杂。

  进入新一年的第四季度，TechInnovate 计划发布一款备受市场期待的智能手机。这款手机在发布前已经通过预告和媒体报道引起了广泛关注。由于市场竞争激烈，以及消费者对新技术的期待，TechInnovate 难以准确预测这款产品的实际市场需求量。市场调研显示，需求可能会因为节假日的临近而激增，但具体的增长幅度却充满不确定性。

  TechInnovate 的供应链管理团队采取了审慎的态度。他们意识到，如果低估需求，可能导致产品供应不足，错失市场良机；而如果高估需求，又可能导致库存积压和资金占用。为了应对这种不确定性，公司决定依靠其长期执行的供应链安全库存策略。

  TechInnovate 在每次订购关键零部件时，都会根据预测的市场需求和潜在的市场波动，额外采购一部分库存，以应对需求的不可预测性和供应链中断的风险。在这次发布新品前，公司特别增加了芯片、屏幕等关键部件的安全库存量，确保无论市场需求如何变化，都能及时满足生产需求。

  生产计划启动前，供应链危机悄然袭来。芯片供应商因设备故障延迟了两周交货。这个突发事件本可能让 TechInnovate 的生产计划陷入停滞，从而错失需求高峰期，但得益于公司提前储备的安全库存，生产得以继续进行，产品顺利按时投放市场。

  与此同时，实际的市场需求超出了所有人的预期。消费者对新款智能手机的热情比预测的更为强烈，销售量在发布后的第一周内就达到了计划的两倍。TechInnovate 原本以为额外的安全库存可能只是保险措施，没想到它成了满足激增的需求的关键保障。正因为有了这些安全库存，公司能够迅速应对需求的剧烈波动，及时补货，避免了因为缺货而流失客户的风险。

在高度不确定的市场环境中，供应链安全库存不仅是抵御供应链中断风险的有效手段，更是应对需求波动不可或缺的策略。通过合理地运用安全库存，公司在供应链中断和市场需求波动的双重压力下，依然能够保持稳定运营，确保产品在市场上取得成功。

本章将研究用于应对供应链不确定性的安全库存。

7.1 安全库存

7.1.1 安全库存的定义

安全库存是指企业在供应链管理中为应对需求波动、不确定性或供应链中断等风险而预留的额外库存。它是一种预防性库存策略，旨在确保供应链某一环节发生延迟、需求激增或发生其他突发事件时，企业仍能保持生产和销售的连续性，避免缺货或生产停滞，进而确保运营稳定性和客户满意度。

例如，M 公司是一家优质家具生产企业，该公司生产的餐桌供应 A 品牌家居。某城市 A 品牌家居门店每次订货批量为 600 张餐桌，平均每周的需求为 100 张，M 公司需要 3 周的时间交付订单。如果市场需求确定，M 公司每周正好售出 100 张餐桌，那么 A 品牌家居库内存货还有 300 张时，就可以发出采购订单。在市场需求确定的情况下，这种订货策略可以确保新一批餐桌恰好在上一批餐桌卖光时到达。

但是，如果需求是波动的并且存在预测误差，那么 3 周的实际需求可能大于或小于预测值 300 张。如果 A 品牌家居的实际需求大于 300 张，那么一部分顾客就无法买到餐桌，导致 M 公司潜在利润受损。于是采购经理决定在库内还剩 400

张餐桌时就订货。该策略能够改善产品的可获得性，因为只有当餐桌 3 周的需求超过 400 张时，才会出现缺货。若每周的实际需求为 100 张，那么当补货到达时，库存仍有 100 张，此时，安全库存就是指当补货到达时剩余的平均库存，即 100 张。

同样，如果交付时间是波动的并且存在预测误差，那么实际交付时间可能比 3 周长或短。如果由于上游木材供应突然出现短缺，导致 M 公司向 A 品牌家居交付餐桌的实际时间为 4 周，那么当 A 品牌家居依然在第三周订货时，本该第六周末到的货，将在第七周末到。在需求保持每周 100 张的前提下，第七周将缺货。为了避免缺货损失，A 品牌家居必须有 100 张的安全库存。

7.1.2　安全库存影响因素

安全库存的影响因素有供应和需求的不确定性、提前期和客户服务水平。如果实际需求超过需求预测值，或者实际供应能力弱于预测供应能力，就会导致产品短缺。

（1）供应不确定性对安全库存的影响

供应不确定性主要表现在交货时间波动性、供应商可靠性、订货批量波动性、供应链中断风险等方面。

①交货时间波动性（Lead Time Variability）。

供应商的交货时间可能会因为生产延误、运输问题或其他不可控因素而波动。这种波动性增加了企业无法按时获得所需物料的风险，进而导致生产延误或停滞。

关键指标：交货时间标准差、平均交货时间。

②供应商可靠性（Supplier Reliability）。

供应商可靠性指的是供应商按时、按量、按质交付的能力。如果供应商的历史表现不稳定（例如，经常延迟交货或交货质量不合格），企业就需要更高的安全库存来应对可能的供应链中断风险。这种情况下，安全库存不仅用于应对数量上的不足，还用于应对质量问题导致的物料替换需求。

关键指标：按时交货率、交货合格率、供应商绩效评分。

③订货批量波动性（Order Quantity Variability）。

企业在向供应商下订单时，订货批量可能不固定，或者供应商可能无法完全满足订货批量需求，这种变动会对供应稳定性产生影响。如果供应商只能部分交付订单，企业需要依靠安全库存来填补缺口。因此，订货批量波动性是设置安全库存的一个重要考虑因素。

关键指标：订单履行率、订货批量标准差。

④供应链中断风险（Risk of Supply Chain Disruptions）。

不可预见的突发事件（如自然灾害、政治不稳定、供应商破产等）可能导致供应链中断。这些事件可能严重影响企业获取原材料的能力。为了应对这些低概率但高影响的事件，企业通常会设置较高的安全库存。

关键指标：供应链风险评估指数。

（2）需求不确定性对安全库存的影响

需求不确定性是指企业在预测和满足客户需求时面临的不确定性，具体表现在需求波动性、需求预测误差、需求季节性、客户订单集中度等方面。这些不确定性对安全库存有直接的影响，因为企业需要通过增加安全库存来应对这些不确定性，以避免需求超出预期而导致的缺货或客户服务水平下降。

①需求波动性（Demand Variability）。

当市场需求波动较大时，企业难以精确预测未来的需求量。这种波动性可能导致过低的需求预测值，使库存不足，无法满足客户的需求；也可能导致过高的需求预测值，造成库存积压。

关键指标：需求标准差、需求变异系数。

②需求预测误差（Demand Forecast Error）。

需求预测误差是指实际需求与预测需求之间的差异。当需求预测误差较大时，企业需要较高的安全库存来弥补预测不准可能带来的风险。这种误差的增大可能源于市场的复杂性、消费者行为的不可预测性或外部环境的变化。

关键指标：预测误差标准差、平均绝对百分比误差（Mean Absolute

Percentage Error，MAPE）。

③需求季节性（Seasonality of Demand）。

一些产品的需求具有明显的季节性，例如节假日商品或季节性消费品。在需求高峰期，企业需要确保有足够的库存来满足激增的需求，这通常要求企业在高峰期前增加安全库存。需求存在季节性使得安全库存的设置变得更加复杂，需要考虑多个时间段的需求变化。

关键指标：需求季节性指数、需求周期性波动幅度。

④客户订单集中度（Concentration of Customer Orders）。

当某些大客户的订单集中或波动较大时，企业需要为这些订单设置较高的安全库存，以确保能够及时满足需求。这种情况下，安全库存的水平应该能应对客户订单的集中性和突发性，以避免客户服务水平下降。

关键指标：客户订单集中度指数、客户订单量标准差。

（3）提前期对安全库存的影响

提前期（Lead Time）的不确定性和波动性往往导致企业保持高水平的安全库存。

①提前期长度。

如果提前期较长，则在下订单到收到货物期间，企业依赖现有库存的时间更长，需求波动导致的缺货风险增加，企业需要保持较高的安全库存以应对这段时间内的潜在需求。较短的提前期意味着企业可以更频繁地下订单，补货更加及时，因此对安全库存的需求减少，供应链可以更灵活地应对需求波动。

关键指标：平均提前期（Mean Lead Time）。

②提前期不确定性。

提前期不确定性主要指供应商交货时间的波动性。如果提前期时常延长或者缩短，这种不确定性会提高库存管理的复杂性。企业必须为最坏的情况（如延迟交货）准备较高的安全库存。

关键指标：提前期标准差（Standard Deviation of Lead Time）、提前期变异系数。

（4）客户服务水平对安全库存的影响

客户服务水平（Customer Service Level）是供应链管理中衡量企业满足客户需求能力的重要指标，通常以满足客户需求的概率或频率表示。目标客户服务水平（Target Customer Service Level）是指企业希望在一定时间内达到的客户订单满足率。较高的目标客户服务水平要求企业在供应链各环节保持较高的库存，以应对需求波动和供应不确定性，确保大部分或所有客户订单都能及时交付。例如，如果目标客户服务水平为95%，企业需要设置足够的安全库存来应对95%的需求情况，而只在5%的极端情况下可以发生缺货。

关键指标：周期服务水平、订货满足率（即产品满足率）、订单满足率。

7.1.3 安全库存优化目标和决策内容

供应链安全库存优化的目标是在达到一定客户服务水平的前提下，降低安全库存水平。

安全库存水平既可以理解为安全库存量，也可以理解为安全库存成本。通常，以降低安全库存成本为主要目标。

客户服务水平在供应链安全库存优化中可能扮演不同的角色。当问题描述为"为了实现预期的客户服务水平，需设定多少安全库存？"时，客户服务水平直接影响安全库存的设定，此时，客户服务水平是优化目标的一部分。当面临"合理的客户服务水平应该设定为多少？"这一问题时，客户服务水平不仅仅是优化目标的一部分，也是需要决策的内容之一。在这种情况下，决策者需要权衡客户服务水平与成本之间的关系，以确定最合适的客户服务水平。

因此，供应链安全库存优化的决策内容可以被细分为以下三个核心方面。

①合理的客户服务水平应该为多少？这一问题涉及确定满足客户需求的最优客户服务水平。设定客户服务水平时，需要在满足客户期望和控制成本之间找到平衡点。

②为了实现所设定的客户服务水平，需要配置多少安全库存？这一问题关注在特定的客户服务水平下，所需的安全库存量。

③安全库存应设置在供应链的哪些位置？这一问题关注在供应链中不同环节（如生产、仓储、配送等）设置安全库存的最佳位置。合理的库存配置能够提高供应链整体的效率和响应能力。

7.2 客户服务水平

7.2.1 客户服务水平关键指标

客户服务水平可用周期服务水平或产品（订单）满足率来度量，用来衡量现有库存可以满足需求的概率或者满足的需求占客户总需求的比率。客户服务水平又称产品可获得性水平，是衡量供应链响应性主要的指标。供应链可以通过提高客户服务水平来提升响应能力并吸引客户，从而增加收益。然而高客户服务水平需要大量的库存予以保证，从而又会增加供应链的成本。因此，供应链需要在客户服务水平和库存成本之间取得平衡。设定客户服务水平的目标在于使供应链盈利最大化。

常见的客户服务水平关键指标包括以下三种。

（1）周期服务水平（Cycle Service Level，CSL）

周期服务水平有两种度量方式，一种是所有需求都得到满足的补货周期占所有补货周期的比重。图 7-1 中，30 个补货周期中有 25 个周期未缺货，所以 CSL=25÷30=0.83。

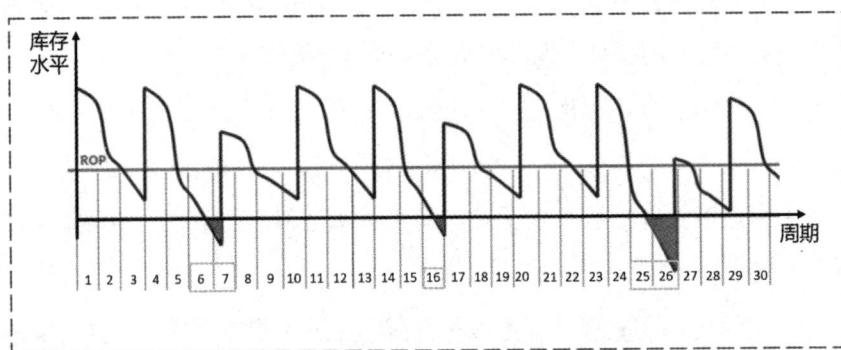

图 7-1　按补货周期表示的周期服务水平

另一种是一个补货周期内供应链不发生缺货的概率。周期服务水平也可以理解为：从收到一批货到收到下一批货的任何一个补货周期内，不出现缺货的概率。

此方式下，周期服务水平通常通过正态分布计算，其公式为：

$$CSL=P（D \leqslant S+SS）$$

其中：

D 是一个库存周期内的总需求量；

S 是周转库存；

SS 是安全库存。

（2）订货满足率（Fulfillment Rate，FR）

订货满足率，即产品满足率，是指通过库存立即满足产品需求的比率，也就是利用已有库存满足产品需求的可能性。产品满足率以某一指定需求为研究对象，而非像周期服务水平那样按时间计算。如使用每百万单位需求的满足率，而不是每月需求的满足率。例如，某公司的库存能为 95% 的顾客提供洗发水，由于库存不足，剩余 5% 的顾客将流向竞争对手，此时，该公司的产品满足率就为 95%。

（3）订单满足率（Order Fulfillment Rate，OFR）

订单满足率指运用库存使订单准时得到满足的比例。该指标类似产品满足率，但区别是该指标针对一个完整的订单满足水平。对于一个包含多种产品的订单，只有当库存能够满足所有产品的需求时，才称库存满足了该订单的需求。假设一个客户订单包含 5 件 A 产品和 10 件 B 产品，如果此时库存可以满足 5 件 A 产品和 3 件 B 产品的需求，则该订单满足率为 0（因为没有完全满足 B 产品的需求），而 A 产品、B 产品的产品满足率分别为 100%、30%。据此，当订单中只有一种产品时，产品满足率等于订单满足率，当订单中包含多种产品时，订单满足率一般低于产品满足率。

订单满足率与周期服务水平是两个容易混淆的概念，它们的区别在于：订单满足率的评价对象为一个计划期内所有订单的完成情况，侧重订单；而周期服务水平考虑的计划期包含多个订货周期，评价对象为计划期内各个订货周期的供货表现，侧重订货周期。

7.2.2　确定客户服务水平的成本权衡

确定客户服务水平的关键在于在满足客户需求和控制库存相关成本之间找到一个最佳平衡点。这需要考虑以下两个方面的成本权衡。

库存过多形成的超储成本（Overstocking Cost），即库存超过实际需求所导致的经济损失，主要包括存储成本、折扣损失和其他附加费用。

库存不足形成的欠储成本（Understocking Cost），即库存不足引起的机会损失，包括销售利润的流失和潜在客户的损失。

边际分析法是权衡客户服务水平的常用方法。通过构建边际收益和边际成本的函数关系，帮助企业找到最优的客户服务水平。

边际收益是指增加一单位库存所带来的额外收益，通常体现为降低缺货风险和提升客户满意度的价值。边际成本是增加一单位库存所引发的额外成本，包括超储成本（如存储和处理费用）和其他相关费用。当边际收益等于边际成本时，企业可以实现客户服务水平的成本最优配置。

需求的不确定性是成本权衡中的关键因素。一般通过需求概率分布分析，计算在不同库存水平下的需求满足概率，以此计算期望收益和期望成本。然后绘制边际收益和边际成本曲线，两者相交点对应的就是最优库存水平。

假设有一家专注于销售电子设备的公司，该公司的销售旺季为每年的 11 月至次年 2 月。为了提供高水平的客户服务，该公司往往会采购大量的设备。然而，虽然客户服务水平高有助于满足客户的需求，但也可能导致销售季结束时出现大量产品积压，从而给公司带来经济损失。相反，如果采取较低的客户服务水平，虽然库存积压的风险较低，但可能缺货导致无法满足客户需求，使公司损失潜在的销售机会和利润。因此，采购部门在确定客户服务水平时，必须在设备未售出的成本损失（采购数量超过实际需求）和失去客户的利润损失（采购数量低于实际需求）之间进行权衡。

在电子设备公司中，有两个主要的成本项：超储成本和欠储成本。

①超储成本（$C_{超}$）：超储成本指的是公司在销售季结束时，未售出的电子设备造成的经济损失。每件未售出的设备在季末会以打折价销售，这导致了经济损失。该成本为设备的采购成本减去其折扣价。

②欠储成本（$C_{欠}$）：欠储成本是指由于缺货，每丢失一次销售机会造成的边际损失。欠储成本不仅包括当前的利润损失，还包括未来可能失去的回头客所造成的损失。

该公司设有一个专门的采购部门，其主要职责是确定每种产品的订货批量。通过对过去几年的销售数据进行分析，采购员得到了电子设备的需求分布预测数据，如表 7-1 所示。这种方法改进了以往公司仅使用历史数据均值进行一致性预测的方法。为简化讨论，假设所有设备的需求均以 100 的倍数为单位进行采购。

表 7-1　电子设备的需求分布预测数据

需求 D_i/件	概率 p_i	需求小于等于 D_i 的概率 P_i	需求大于 D_i 的概率 q_i
100	2%	2%	98%
200	5%	7%	93%
300	8%	15%	85%
400	12%	27%	73%
500	15%	42%	58%
600	18%	60%	40%
700	20%	80%	20%
800	10%	90%	10%
900	7%	97%	3%
1 000	3%	100%	0

计算电子设备预期需求。

预期需求 $= \sum D_i p_i = 580$（件）

按照以往的订货策略，采购员会订购 600 件电子设备（预期需求为 580 件，但实际采购量以 100 的倍数计算）。然而，由于需求的不确定性，需求小于等于 600 件的概率为 60%。因此，按照订购 600 件电子设备的策略，公司周期服务水平仅为 60%，有 40% 的概率出现缺货。为了使销售利润最大化，公司必须确定一个合理的周期服务水平，并据此决定订货批量。

（3）成本分析与最优订货决策

假设公司每件电子设备的采购成本为 $c=500$ 元，其零售价为 $p=1\,000$ 元。季末未售出的电子设备将以 530 元的价格在折扣店销售。每件电子设备的库存成本和运输到折扣店的成本合计为 80 元。因此，季末未售出的每件电子设备的残值为 $s=450$ 元。由此可知，销售每件电子设备的利润为 $p-c=500$（元），如果缺货，就无法获得该利润，所以欠储成本是 500 元 / 件；而未售出的电子设备在折扣店销售将使公司损失 $c-s=50$（元），所以超储成本是 50 元 / 件。

根据以上信息，采购员需要计算不同订货批量下的预期利润。假设当前订货批量为 600 件，那么预期利润如下。

$$\text{预期利润} = \sum_{i=1}^{6}[D_i(p-c)-(600-D_i)(c-s)p_i] + \sum_{7}^{10}600(p-c)p_i$$

$=$（$100\times500-500\times50$）$\times0.02+$（$200\times500-400\times50$）$\times0.05+$（$300\times500-$ 300×50）$\times0.08+$（$400\times500-200\times50$）$\times0.12+$（$500\times500-100\times50$）$\times0.15+$（$600\times500-0\times50$）$\times0.18+600\times500\times0.20+600\times500\times0.1+600\times500\times0.07+600\times500\times0.03=248\,850$（元）

如果要确定是否需多订购 100 件电子设备，采购部门需要确定额外购买 100 件电子设备的潜在收益和成本。在订购 700 件电子设备的情况下，如果需求等于 700 件或者更高，那么额外的 100 件电子设备就能售出并获得 50\,000 元的利润；否则这 100 件电子设备将送往折扣店，并使公司损失 5\,000 元。表 7–1 显示，需求 ≥ 700 件的概率为 0.4，需求 <700 件的概率为 0.6。因此，可推导出如下信息。

多订 100 件的预期利润 = 预期收益 – 预期损失

$=50\,000\times P$（需求 ≥ 700）$-5\,000\times P$（需求 <700）

$=50\,000\times0.4-5\,000\times0.6=17\,000$（元）

因此，订购 700 件的预期利润会增加 17 000 元。利用相同的方法，可以计算出订货批量每增加 100 件的边际贡献，如表 7-2 所示。

表 7-2 订购电子设备每增加 100 件的边际贡献

多订 100 件	订货批量/件	预期边际收益/元	预期边际成本/元	预期边际贡献/元
第 1 个	700	50 000×0.4=20 000	5 000×0.6=3 000	20 000−3 000=17 000
第 2 个	800	50 000×0.2=10 000	5 000×0.8=4 000	10 000−4 000=6 000
第 3 个	900	50 000×0.1=5 000	5 000×0.9=4 500	5 000−4 500=500
第 4 个	1 000	50 000×0.03=1 500	5 000×0.97=4 850	1 500−4 850=−3 350

从表 7-2 中可以看出，在订货批量小于等于 900 件时，预期边际贡献是正值，订货批量为 1 000 件时则为负值。因此，最优订货批量为 900 件。

随着订货批量的增加，公司的预期利润也随之增加，但在订货批量超过 900 件后，利润开始下降。因此，最优订货批量为 900 件，该订货批量下的周期服务水平为 97%。

本案例中展现了最优客户服务水平与边际收益和边际成本的关系，而边际收益和边际成本又与超储成本、欠储成本直接相关。接下来讨论最优客户服务水平与超储成本和欠储成本之间的关系。

7.2.3 计算最优周期服务水平

对于季节性产品，公司很有可能实行一次性订货，或者在一次性订货后再补充一次订货。对于常态化产品要连续补货，每周、每月都要补货。本小节将以一次性订货和连续补货两种经典场景为例，计算最优客户服务水平（以周期服务水平代表客户服务水平）。

（1）一次性订货下季节性产品的最优客户服务水平计算

设产品零售价为 p，成本为 c，残值为 s。

$C_{超}$ = 单位产品的超储成本 = $c−s$

$C_欠$= 单位产品的欠储成本 =p–c

CSL*= 最优周期服务水平

Q^*= 对应 CSL* 的最优订货批量

CSL* 表示销售季节中需求小于或等于 Q^* 的概率。在最优周期服务水平下，如果订货批量由 Q^* 增加到 Q^*+1，那么只有当需求大于 Q^* 时，多订购的一件产品才会被售出。这种情况发生的概率为 1–CSL*，带来的收益贡献为 p–c，边际收益等于欠储成本。

$$边际收益 = (1–CSL^*)(p–c)$$

如果需求小于等于 Q^*，额外订购的一件产品就无法售出，这种情况发生的概率为 CSL*，带来的成本为超储成本 c–s。

$$边际成本 = CSL^*(c–s)$$

所以，订货批量从 Q^* 增加到 Q^*+1 的预期边际贡献可由如下公式表示。

$$边际收益 – 边际成本 = (1–CSL^*)(p–c)–CSL^*(c–s)$$

在最优周期服务水平下，再多采购一件产品的边际贡献等于零，因此令上式为零，则推导出最优周期服务水平为：

$$CSL^*=P(需求小于等于\ Q^*)=\frac{p-c}{p-s}=\frac{C_欠}{C_超+C_欠}=\frac{1}{1+(C_超/C_欠)}$$

确定了最优周期服务水平后则要确定需求值，根据客户服务水平和客户需求量找到合适的订货批量，做出经营利润预测。假设需求服从正态分布，即 $D \sim N(\mu, \sigma^2)$，需求均值为 μ，需求标准差为 σ。借助 Excel 中的 NORMDIST 和 NORMINV 两个函数可以简化最优客户服务水平相关数学计算。

NORMDIST 函数返回指定平均值和标准差的正态分布函数值。该函数能够根据给定的周期服务水平、需求均值和需求标准差，计算出对应的订货批量。

NORMINV 函数返回指定平均值和标准差的正态累积分布函数的反函数值。函数语法 NORMINV（probability, mean, standard_dev）应用在本问题中表达的是在给定周期服务水平（probability）、需求均值（mean）和需求标准差（standard_dev）后，可以求得该周期服务水平（probability）下应有的订货批量。

利用这两个函数很容易求解出最优订货批量和预期利润。

最优订货批量 $Q^* =$ NORMINV（CSL^*, μ, σ）

预期利润 $P^* = (p-s)$NORMDIST[$\dfrac{Q^*-\mu}{\sigma}$, 0, 1, 1]

$-(p-s)\sigma$NORMDIST[$\dfrac{Q^*-\mu}{\sigma}$, 0, 1, 0]

$-Q^*(c-s)$NORMDIST(Q^*, μ, σ, 1)

$+Q^*(p-c)$[1-NORMDIST(Q^*, μ, σ, 1)]

小飞鱼是一家体育用品商店，商店经理正在考虑订购多少夏季泳装。根据过去的需求数据和今年的天气预报，管理层预测需求服从正态分布，均值 μ=350 件，标准差 σ=100 件。每件泳装的成本 c=100 元，商店零售价 p=250 元。如果季末没有售出，则处理价为 85 元。假设销售季节每件泳装的库存持有成本为 5 元。商店为获得最大预期利润，应该订购多少件泳装？

解：

$C_欠 = p-c = 250-100 = 150$（元）

$C_超 = c-s-5 = 100-85-5 = 10$（元）

最优周期服务水平 $CSL^* = P$（需求小于等于 Q^*）$= \dfrac{C_欠}{C_超+C_欠} = 0.88$

最优订货批量 $Q^* =$ NORMINV（CSL^*, μ, σ）=NORMINV（0.88, 350, 100）=468（件）

因此，尽管预期的销售量为 350 件，但对小飞鱼的经理而言，468 件才是最优选择。在本案例中，因为欠储成本远远高于超储成本，所以管理者应该订购高于预期销售量的批量，以应对需求不确定性。

预期利润 =（$p-s$）μNORMDIST[$\dfrac{Q^*-\mu}{\sigma}$, 0, 1, 1]-（$p-s$）σNORMDIST[$\dfrac{Q^*-\mu}{\sigma}$, 0, 1, 0]-$Q^*(c-s)$NORMDIST(Q^*,μ,σ,1) + $Q^*(p-c)$[1-NORMDIST(Q^*,μ,σ,1)]

=59 500NORMDIST（1.55, 0, 1, 1）-17 000NORMDIST（1.55, 0, 1, 0）-9 360NORMDIST（505, 350, 100, 1）+70 200[1-NORMDIST（505, 350, 100, 1）]=49 314.9（元）

可求出订购 350 件泳衣时的预期利润为 45 718 元。因此，订购 505 件泳衣的预期利润比订购 350 件的预期利润高出 7.87%。

（2）连续补货下产品的最优客户服务水平计算

连续补货指一个补货周期的产品还有剩余，可用于下一周期的销售，而没有必要像季节性产品那样低价处理，但是从上一个周期延续到下一周期，产品库存成本将会增加。这种情况下，一般利用安全库存提高客户服务水平并降低连续补货期间的缺货概率。假定安全库存从 SS 增加到 SS+1，则供应链就会在这个补货周期（其长度为 $\frac{Q}{D}$）内承担相应成本。

考虑两种极端场景。

①情境一：需求可累积，延期交货。产品缺货期间的全部需求累积起来，在库存得到补充之后再予以满足。

②情境二：需求全部丢失。产品缺货期间的需求全部丢失。

现实中的情况通常处于中间状态，当产品缺货时，一部分需求会丢失（寻找其他卖家），而另一些忠诚度高的客户会选择补货后再次光顾。

只考虑两种极端场景。假设单位时间内的需求服从正态分布，并设定以下参数：

$Q=$ 补货批量；

$D=$ 单位时间内的平均需求；

$\sigma=$ 单位时间内需求的标准差；

$CSL=$ 周期服务水平；

$C=$ 单位成本；

$h=$ 单位时间内库存持有成本费率；

$H=$ 每件产品单位时间内的库存持有成本 $=hC$；

$P=$ 产品利润，也可以将 P 理解为欠储成本。

①情境一：需求可累积，延期交货。

由于没有需求丢失，因此成本最小化等同于利润最大化。如果提高安全库存，库存就能够满足更多的订单需求，从而减少积压订单的数量。但这种做法将使库存成本上升。在每个补货周期内安全库存从 SS 增加到 SS+1，供应链就会在这个补货周期（其长度为 $\frac{Q}{D}$）内承担储存增加的这一单位安全库存的成本。当补货周期内的需求大于安全库存（其发生概率是 1–CSL）时，增加一单位安全库存是有益的。因此，可以得到：

每个补货周期内增加一单位安全库存带来的成本（超储成本）$= \frac{Q}{D} H$

每个补货周期内增加一单位安全库存带来的收益（欠储成本）$= (1–CSL) P$

令边际成本 = 边际收益，经过变换即可得到最优周期服务水平：

$$CSL = 1 - \frac{HQ}{DP}$$

②情境二：需求全部丢失。

如果缺货期间未满足的需求全部丢失，客户选择其他销售来源，在下一个周期补货完成后不会再回来选购，那么此时每个补货周期内增加一单位安全库存带来的收益会增加，即：

每个补货周期内增加一单位安全库存带来的收益（欠储成本）$= (1–CSL)$

$\left(P+ \frac{HQ}{D} \right)$

这个式子表示：如果多存储一单位安全库存满足了需求，就不用像需求可累积时那样在下一个周期多存储一单位安全库存以满足上一周期缺货的需求，这意味着多节约了一单位安全库存成本。这也导致在超储成本不变的情况下，欠储成本增加了。令边际成本 = 边际收益，得到：

$$CSL = 1 - \frac{HQ}{HQ + DP}$$

比较计算 CSL 的两个公式可知：如果欠储意味着彻底失去客户而不是延期交货，那么供应链应该提供更高的周期服务水平来满足需求。因为更高的欠储成本使得供应链不得不尽量避免欠储情况发生。

假设某产品在一个周期里补货批量 Q=200 单位，平均需求 D=20 单位，每天一单位安全库存的仓储成本为 1 元，该产品的利润为 100 元。那么在缺货可累积的情况下，最优周期服务水平 =1–（1×200）÷（20×100）=0.9；然而如果缺货不会累积，最优周期服务水平 =1–（1×200）÷（1×200+20×100）=0.91，比缺货可累积的最优周期服务水平高 0.1。这意味着若需求丢失，企业需要设置更高的周期服务水平，以减少缺货导致的损失。

7.3 安全库存计算与测度

7.3.1 安全库存计算方法

安全库存的计算通常主要基于以下几个因素：需求波动性、提前期不确定性、目标客户服务水平等。安全库存计算公式如下：

$$SS = k\sqrt{\sigma^2 L + D^2 s^2}$$

其中：

k 为客户服务水平因子，其数值大小代表客户服务水平的高低；

σ 为需求不确定性，在正态分布下即需求的标准差；

L 为供应平均提前期；

D 为每个周期的平均需求量；

s 为供应不确定性，在正态分布下是提前期的标准差。

正态分布情况下，k 表示与目标客户服务水平对应的标准正态分布 Z 值。例如，如果目标客户服务水平是 95%，对应的 Z 值大约为 1.645。Z 值越高，客户服务水平越高，所需的安全库存也越多。$\sigma^2 L$ 表示在提前期内需求的波动对安全库存的影响，而 $D^2 s^2$ 则表示提前期波动引起的需求变化对安全库存的影响。它们表示了提前期与需求的交互影响。

在一些较为简单的情况下，假设需求和提前期之间没有交互影响，安全库存公式可以简化为：

$$SS = k\sigma\sqrt{L}$$

其中：

L 是提前期，假设为一个固定值；

σ 是需求的标准差，假设不随提前期变化。

7.3.2 需求不确定性与安全库存

需求包含系统成分和随机成分。需求预测的目的是预测系统成分，并对随机成分进行估计，而随机成分是需求不确定性的一种测度指标。通常，用需求的标准差来衡量随机成分。下面用 A 品牌餐桌的需求不确定性为例进行说明。假设 A 品牌餐桌的周期性需求服从均值为 D、标准差为 σ_D 的正态分布。

D= 每个周期的平均需求量；

σ_D= 每个周期需求的标准差（预测误差）。

虽然需求的标准差并不一定就等同于预测误差，但是在讨论中两者可以互换。实际上，安全库存的计算应该是基于预测误差展开的。

提前期是从发出订单到订单交付之间的时间间隔，用 L 表示 A 品牌从订购餐桌到餐桌交付之间的时间间隔。A 品牌的库存能否满足所有市场需求，取决于在提前期内市场对产品的需求以及 A 品牌在发出补货订单时的库存，因此，A 品牌必须预测提前期内的需求不确定性。现在已知每个周期的需求分布，求解 L 个周期的需求分布。若已知一段时间内每天 / 周的需求分布，那么 L 个周期内的需求分布即 L 天 /L 周的需求分布。

假设第 i 期（$i=1,2,\cdots,L$）的产品需求服从均值为 D_i、标准差为 σ_i 的正态分布。用 ρ_{ij} 表示第 i 期和第 j 期的需求相关系数。这样，L 个周期的市场总需求服从均值为 D_L、标准差为 σ_L 的正态分布，根据正态分布函数计算法则，得：

$$D_L = \sum_{i=1}^{L} D_i$$

$$D_L = \sqrt{\sum_{i=1}^{L} \sigma_i^2 + 2\sum_{i>j} \rho_{ij}\sigma_i\sigma_j}$$

若 $\rho_{ij}=1$，则两个周期的需求完全正相关。若 $\rho_{ij}=-1$，则两个周期的需求完全负相关。若 $\rho_{ij}=0$，则两个周期的需求相互独立。假设 L 个周期内每个周期的需求都相互独立，且都服从均值为 D、标准差为 σ_D 的正态分布。可以得到 L 个周期的

总需求服从均值为 D_L、标准差为 σ_L 的正态分布，其中：

$$D_L = D \times L$$

$$\sigma_L = \sqrt{L}\,\sigma_D$$

需求不确定性的另一个重要的测度指标是需求变异系数，它是标准差与均值的比。假设需求的均值为 μ，标准差为 σ，那么

$$CV = \frac{\sigma}{\mu}$$

需求变异系数用于衡量需求不确定性的程度。需求变异系数可以说明：市场需求均值为 100、标准差为 100 的产品，比需求均值为 1 000、标准差为 100 的产品的市场需求不确定性更高。如果只从标准差的角度来考虑，就不能掌握这两种产品的不同了。

7.3.3　客户服务水平与安全库存

（1）周期服务水平与安全库存

本小节在连续盘点的前提下，给出周期服务水平和安全库存的计算公式以及算例。连续盘点策略是当持有库存下降至订货点 ROP 时，按订货批量 Q 进行订货。假设 A 品牌餐桌每周的需求服从均值为 D、标准差为 σ 的正态分布，提前期为 L 周。

$$\text{提前期内的期望需求} = D \times L$$

假设当餐桌的现有库存下降到订货点时店面经理发出补货订单，当补货到达时，平均安全库存为：

$$SS = ROP - D \times L$$

那么，周期服务水平即 L 周提前期内安全库存大于 0 的概率。

$$CSL = P(SS > 0) = P(D \times L < ROP)$$

计算这一概率，需了解提前期内的需求分布，假设其服从均值为 D_L、标准差为 σ_L 的正态分布，则周期服务水平可表示为：

$$CSL = F(ROP, D_L, \sigma_L)$$

其中，F 为正态分布的标记符号。

以下案例说明在已知安全库存的情况下，如何计算周期服务水平。

A 品牌餐桌的需求服从正态分布，且均值为 2 500 张，标准差为 500 张，提前期为 2 周。假设每周的需求互相独立。当餐桌的库存下降到 6 000 张时进行补充订货，订货批量为 10 000 张，求该策略下的周期服务水平。

分析如下。

已知：Q=10 000 张，ROP=6 000 张，L=2 周，D=2 500 张，σ_D=500 张。

则提前期内的需求特征为：

$$D_L = D \times L = 2 \times 2\,500 = 5\,000（张）$$

$$\sigma_L = \sqrt{L}\sigma_D = \sqrt{2} \times 500 = 707（张）$$

$$\begin{aligned}
\text{CSL} &= F(\text{ROP}, D_L, \sigma_L) \\
&= \text{NORMDIST}(\text{ROP}, D_L, \sigma_L, 1) \\
&= \text{NORMDIST}(6\,000, 5\,000, 707, 1) \\
&= 0.92
\end{aligned}$$

此时，周期服务水平为 92%。安全库存为：

$$\text{SS} = \text{ROP} - D \times L = 6\,000 - 2\,500 \times 2 = 1\,000（张）$$

在实际运营过程中，企业往往对周期服务水平有明确的要求范围，此时需要确定对应的安全库存值。一般来讲，一个企业的周期服务水平，通过权衡库存持有成本和缺货成本得到。先进行公式的简单推导。

假设需求服从正态分布，且：

CSL= 期望周期服务水平；

D_L= 提前期内的平均需求；

σ_L= 提前期内需求的标准差。

则必须在 CSL 下，保证提前期内的实际需求小于等于预测值，即平均需求和安全库存之和：

$$P（提前期内的需求小于等于 D_L + \text{SS}）= \text{CSL} = F(D_L + \text{SS}, D_L, \sigma_L)$$

由反函数概念可得安全库存计算公式（注：F_s 表示反函数）：

$$SS = F^{-1}(CSL, D_L, \sigma_L) - D_L = F_s^{-1}(CSL) \times \sigma_L = F_s^{-1}(CSL) \times \sqrt{L}\sigma_D$$

以下案例说明在已知期望周期服务水平的情况下，如何计算安全库存。

A 品牌餐桌每周需求服从均值为 2 500 张、标准差为 500 张的正态分布，提前期为 2 周。假设 A 品牌采用连续盘点策略，要达到 90% 的周期服务水平，A 品牌应持有多少安全库存？

分析如下。

已知：D=2 500 张，σ_D=500 张，CSL=0.9，L=2 周。

则提前期内的需求为（注：NORMSINV[P] 函数，P 为正态分布概率，函数返回标准正态累积分布函数的反函数值）：

$$D_L = D \times L = 2 \times 2\,500 = 5\,000\,（张）$$

$$\sigma_L = \sqrt{L}\,\sigma_D = \sqrt{2} \times 500 = 707\,（张）$$

$$SS = F^{-1}(CSL) \times \sigma_L = NORMSINV(CSL) \times \sigma_L = NORMSINV(0.9) \times 707 = 906\,（张）$$

即要达到 90% 的周期服务水平，需要的安全库存为 906 张。

订货点为：

$$ROP = SS + D \times L = 906 + 2\,500 \times 2 = 5\,906\,（张）$$

（2）满足率与安全库存

满足率是比周期服务水平更为合适的客户服务水平测度指标，因为它能使零售商估算出真正转化成销售量的那部分需求所占的比例。在此重点讨论连续盘点策略下满足率的计算，当持有库存下降至订货点时，企业就发出批量为 Q 的补货订单。

为了计算满足率，必须计算每个补货周期内超过订货点的平均需求。补货周期平均预期缺货量（Expected Shortage per Replenishment Cycle，ESC）表示每个补货周期无法由现有库存满足的那部分市场需求的平均值。设 $f(x)$ 为提前期内需求分布的密度函数。则补货周期平均预期缺货量可以用以下公式表示。

$$ESC = \int_{x=ROP}^{\infty} (x - ROP)f(x)d(x)$$

在提前期内的需求服从正态分布，且均值为 D_L、标准差为 σ_L 的情况下，假设安全库存为 SS，公式可简化为：

$$ESC = -SS\left[1 - F_s\left(\frac{SS}{\sigma_L}\right)\right] + \sigma_L f_s\left(\frac{SS}{\sigma_L}\right)$$

注：式中，F_s 为标准正态分布累积函数；f_s 为标准正态分布密度函数。标准正态分布的均值为 0，标准差为 1。

为了计算方便，同样利用 Excel 函数对上述公式进行变换。

$$ESC = -SS\left[1 - \text{NORMDIST}\left(\frac{SS}{\sigma_L}, 0, 1, 1\right)\right] + \sigma_L \text{NORMDIST}\left(\frac{SS}{\sigma_L}, 0, 1, 0\right)$$

假设补货周期内的平均需求为 Q（即订货批量），那么缺货率就等于 $\dfrac{ESC}{Q}$。因此，满足率的计算公式如下。

$$FR = 1 - \frac{ESC}{Q}$$

给定补货周期平均预期缺货量，计算得到满足率。同样，根据反函数，给定满足率和补货周期平均预期缺货量，可以得到安全库存。下面给出计算安全库存的例子。

第一步是利用公式算出补货周期平均预期缺货量；第二步是在得到补货周期平均预期缺货量的情况下，利用公式求出安全库存。在此无法给出最终结果的直接计算公式，可以用 Excel 中的 GOALSEEK 函数计算。

以下案例说明在给定期望满足率的情况下，如何计算安全库存。

A 品牌对餐桌每周的需求服从正态分布，均值为 2 500 张，标准差为 500 张，提前期为 2 周。店面经理对该餐桌目前设定的补货批量为 10 000 张，假设 A 品牌采用连续盘点策略，为达到 97.5% 的满足率，A 品牌应持有多少安全库存？

分析如下。

已知：FR=0.975，Q=10 000 张，$\sigma_L = \sqrt{2} \times 500 = 707$（张）。

$$ESC = (1-FR)Q = (1-0.975) \times 10\,000 = 250（张）$$

利用 Excel 中的 GOOLSEEK 函数，得到安全库存为 67 张。

由于市场竞争加剧，如今的供应链必须能够适应客户对满足需求的高要求，当期望的客户服务水平提高时，需要增加安全库存。就以上案例而言，可以求出不同满足率所需的安全库存，如表 7–3 所示。随着客户服务水平的提高，安全库存的边际增加量不断增大。

表 7–3　不同满足率所需的安全库存

满足率 /%	安全库存 / 张
97.5	67
98.0	183
98.5	321
99.0	499
99.5	767

追求高满足率会导致有较多的安全库存，因此有必要为不同产品设置合适的客户服务水平。常用的方法是绘制客户服务水平和安全库存变化曲线，在一定范围内寻找边际增加量或增长率较小的点作为推荐的客户服务水平。根据表 7–3 中的数据绘制图 7–2，可以看到安全库存最小的边际增量对应 98% 的客户服务水平，因此本案例推荐的客户服务水平为 98%。

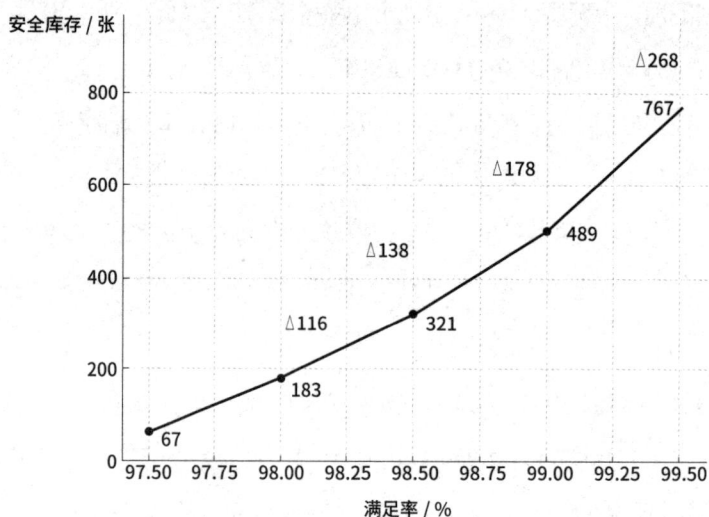

图 7–2　满足率提升对安全库存边际增加量的影响

7.3.4 供应不确定性与安全库存

供应不确定性对供应链的影响和需求不确定性一样重要。2007 年 1 月，集装箱货船 MSC Napoli 在英国南海岸搁浅的事故充分说明了供应不确定性的影响。这艘集装箱货船装载有 1 000 多吨金属镍，镍是不锈钢的关键组成成分。1 000 吨镍几乎占到全球仓库中储存的金属镍（5 052 吨）的 20%。这次镍供货的延迟导致市场上缺货严重，使得 2007 年 1 月前 3.5 周的镍价格上涨了 20%。很多因素都会导致供应不确定性，如生产延迟、运输延迟和质量问题等。在计划安全库存时，必须考虑供应的不确定性。

本小节主要讨论提前期的不确定性对安全库存的影响。假设每个时期的需求、提前期都服从正态分布。

假设已知以下参数：

$D=$ 每个时期的平均需求；

$\sigma_D=$ 每个时期需求的标准差；

$L=$ 平均提前期；

$s_L=$ 提前期的标准差。

考虑连续盘点策略下所需的安全库存，如果提前期内的需求超过订货点就会出现缺货。假设提前期内的需求服从均值为 D_L、标准差为 σ_L 的正态分布，其中：

$$D_L = D \times L$$

$$\sigma_L = \sqrt{L\sigma_D^2 + D^2 S_L^2}$$

如果已知期望周期服务水平，利用安全库存计算公式得出所需的安全库存。

以下案例说明提前期的不确定性对安全库存的影响。

B 品牌平板电脑的需求服从均值为 2 500 台、标准差为 500 台的正态分布，供应商提前期为 7 天。B 品牌对其平板电脑库存设定的周期服务水平为 90%。如果提前期标准差为 7 天，计算 B 品牌须持有的平板电脑安全库存。若 B 品牌和供应商通过共享计划将提前期的标准差降为 3 天，安全库存将怎样变化？

分析如下。

已知：D=2 500 台，σ_D=500 台，L=7 天，s_L=7 天。

计算提前期内的需求分布：

$$D_L=D \times L=2\,500 \times 7=17\,500（台）$$

$$\sigma_L = \sqrt{L\sigma_D^2 + D^2 S_L^2} = \sqrt{7 \times 500^2 + 2\,500^2 \times 7^2} = 17\,550（台）$$

计算安全库存：

$$SS=NORMSINV(CSL) \times \sigma_L=NORMSINV(0.9) \times 17\,550=22\,491（台）$$

如果提前期标准差降为 3 天，即 s_L=3 天。

$$\sigma_L = \sqrt{L\sigma_D^2 + D^2 S_L^2} = \sqrt{7 \times 500^2 + 2\,500^2 \times 3^2} = 7\,616（台）$$

$$SS=NORMSINV(CSL) \times \sigma_L=NORMSINV(0.9) \times 7\,616=9\,760（台）$$

提前期标准差为 7 天时，亚马逊需要持有的安全库存为 22 491 台。

提前期标准差降为 3 天时，亚马逊需要持有的安全库存为 9 760 台。

通过降低提前期的标准差，亚马逊可以显著减少其安全库存。

提前期波动的原因多种多样，包括需求波动、生产能力限制、供应链中断以及缺乏协同。在供应链优化战略层面可以提出降低提前期波动性的策略，包括实施先进的需求预测、提高生产灵活性、构建弹性供应链、利用协同平台等。通过利用人工智能和机器学习驱动的先进需求预测工具，集成多种来源的实时数据，使生产和库存计划能够根据市场状况的变化进行动态调整，企业可以减轻突发需求高峰对供应造成的压力。制订生产能力应急计划，包括与合同制造商或可扩展的生产商建立合作关系，以便在内部产能达到上限时启动这些资源。与供应链管理系统集成的先进调度软件可以优化生产工作流程，减少停机时间，降低延误的可能性。为减少供应链中断风险，企业应避免过度依赖单一来源。企业还可以定期进行供应风险评估，为潜在供应链中断风险制订应急计划。利用基于云的协同平台，制造商、供应商和物流提供商之间可以实现实时沟通和数据共享，这种透明性有助于供应链更加同步。这些策略最终都将改变供应链优化提前期的相关参数和约束关系。

从供应链优化的技术层面，可以通过推拉策略，调整供应链对订单的响应位置和响应时间，从而调整提前期，该策略将在第 8 章介绍。

7.3.5 补货策略和安全库存

连续盘点和周期盘点是两种盘点库存的策略。连续盘点策略下，企业随时检查库存，当库存下降至订货点时，就发出批量为 Q 的订货。在这种情况下，每次的订货批量不变，但是在需求变动的情况下，相邻两次补充订货的时间间隔会有变化。周期盘点策略是按照预先规定的时间间隔 T，定期对库存进行盘点，并随即提出订货，将库存水平补充到目标水平（Goal Level，GL）。在这种情况下，订货的时间间隔是固定的。然而在需求不断变动的情况下，每次订货的批量会出现波动。

对于连续盘点策略，上文已经进行了多次讨论，这里不赘述，下面重点分析周期盘点策略下的安全库存。

假设已知以下参数：

D= 每个时期的平均需求；

σ_D= 每个时期需求的标准差；

L= 平均提前期；

T= 盘点时间间隔；

CSL= 期望周期服务水平。

系统在时刻 0 下达第一个订单，使得订货批量和现有库存之和达到目标库存水平。补货经过提前期 L 送达。在下一次盘点库存的时间点 T 下达第二个订单，订货在时刻 $T+L$ 到达。那么，目标库存水平即满足从时刻 0 到时刻 $T+L$ 期间需求的库存水平，如果在此期间，需求超过目标库存水平，就会发生缺货。因为，目标库存水平 GL 需要满足：

$$P（T+L \text{ 期间的需求小于等于 GL}）=CSL$$

当各周期需求服从正态分布且独立时，$T+L$ 期间的需求与标准差如下：

$$D_{T+L}=(T+L)D$$

$$\sigma_{T+L} = \sigma_D\sqrt{T+L}$$

那么，此时的安全库存即为在 $T+L$ 期间持有的超过均值 D_{T+L} 的库存，根据目标库存水平的定义，有：

$$GL=D_{T+L}+SS$$

给定周期服务水平，所需的安全库存计算公式如下：

$$SS=F_s^{-1}(CSL)\times\sigma_{T+L}$$

而对比给定周期服务水平，在需求和提前期的变化相同的情况下，连续盘点策略对应的安全库存为：

$$SS=F_s^{-1}(CSL)\times\sigma_L$$

由此可知，连续盘点策略下的安全库存要比相同供需条件下周期盘点策略下的安全库存低。但是，连续监测库存情况需要负担更高的仓库运营成本，因此需要权衡监控库存的成本和实施连续盘点策略使安全库存降低所节约的成本，而在同样的客户服务水平和供需条件下，尽管计算得到同样的安全库存水平，但价值较高的产品占用库存资金更多。因此，在实践中，有些企业根据产品的价值对产品进行区分，高价值产品进行连续盘点，低价值产品进行周期盘点。

安全库存计算公式如下。

$$SS=k\sqrt{\sigma^2 L+D^2 S^2}$$

供应链管理者在优化安全库存时，通常会降低除 D 以外的某一项或多项因素，同时权衡各项成本，以使总成本达到最低。对于客户服务水平，应根据竞争原则，细分客户和市场，设定适当而非过高的服务标准。针对需求的不确定性，应提升预测水平，提高需求预测的准确性。对于提前期，应协调库存环节的上下游，以最低的供应链成本将库存放置在最合适的位置。针对供应不确定性，应通过管理供应商、共享客户计划等方式，提高供应的稳定性和可靠性。

第 **8** 章

多级安全库存优化

多级周转库存优化重点在满足需求的同时，尽量减少库存量，提高物资在供应链中的流动速度；多级安全库存优化则与之不同，主要关注的是如何在供应链各级中保持足够的库存，以应对需求波动和供应不确定性，重在平衡库存成本与客户服务水平之间的关系。

8.1　多级安全库存优化方法概述

8.1.1　多级安全库存优化流程

多级安全库存优化流程分为三个步骤：①优化策略选择；②建模与算法选择；③验证和实施。

（1）优化策略选择

在多级安全库存优化过程中，优化策略选择是第一步。策略明确了优化的目标和方向，模型算法是实现目标的工具。

优化策略选择包括以下 3 个步骤。

①分析供应链特性。

供应链结构、需求波动、供应商和客户的特点等都是影响优化策略选择的重要因素。深入分析这些因素的特性，理解供应链的复杂性。

②确定优化目标。

优化目标直接影响优化策略的选择。优化目标有多种，成本最低、客户服务水平最高、运输时间最短等都可能是被关注的目标，这些目标可能存在冲突，因此选择首要的优化目标并兼顾其他目标对优化策略选择的方向有很大影响。

③选择合适的优化策略。

在分析供应链特性和确定优化目标后，需要选择最合适的优化策略。

不同的供应链结构影响多级安全库存优化策略。供应链结构可以分为串联结构、装配结构、分销结构、无环结构、循环结构、树状结构等。

串联结构是线性结构，从供应商到最终客户的每个阶段按线性顺序依次连接，每个阶段的库存水平直接影响下一个阶段的库存需求。因此，安全库存的设置需要考虑整个链条的需求波动和供应不确定性。通常采用逐级优化的方法，从下游到上游逐步确定安全库存水平，以确保整体供应链的稳定性。

装配结构是由多个供应商向中央制造商提供组件，中央制造商将组件组装成最终产品的结构。由于多个供应商提供组件，任何一个供应商供货的延迟或短缺都会影响最终产品的生产。因此需要考虑每个供应商的交货时间和可靠性，在每个供应商处设置适当的安全库存。优化策略一般采用集中策略，通过协调各个供应商的库存来优化整体供应链的安全库存。

分销结构是中央制造商或仓库将产品分销到多个下游站点的结构。中央仓库需要保持足够的安全库存以应对多个下游站点的需求波动。优化策略是将集中策略和分散策略相结合，确保各个零售点的库存水平能够满足需求，同时降低整体库存成本。在该结构下，需要考虑中央仓库和各个下游站点的需求波动。

无环结构一般没有循环，允许从供应商到客户存在多条路径，相比前面三种结构更复杂。由于存在多条路径，安全库存的设置需要考虑不同路径的需求和供应不确定性。优化策略通常采用网络优化算法，确定各个节点的最佳安全库存水平，以提高供应链的灵活性和鲁棒性。

循环结构一般包含循环，产品可以退回前一阶段进行再加工或重新分配，例如含有逆向物流流程的供应链网络，产品退回制造商进行翻新就属于这种结构。由于需要考虑产品退回和再加工的情况，安全库存的设置需要兼顾正向和逆向物流的库存需求。优化策略需要综合考虑正向和逆向物流的库存需求，优化整体供应链的安全库存。

树状结构由单一根节点（如中央仓库）和多个分支通向最终客户。根节点

（如中央仓库）需要保持较高的安全库存，以应对各个分支节点的需求波动。优化策略一般采用层次化库存管理策略，确保根节点和各个分支节点的库存水平协调一致。

（2）建模与算法选择

多级安全库存优化建模过程包括数据收集、模型构建和算法选择。

①数据收集。

数据通常包括预测需求、各供应链环节的库存水平、运输时间和成本等。数据结构是建模的基础。

②模型构建。

根据所选择的策略，构建相应优化模型。根据目的可以构建数学模型，如线性规划或整数规划模型；也可以构建仿真模型，用于模拟供应链的动态行为。模型构建的目的是将实际的供应链问题抽象为一个可计算的优化问题，以便在后续步骤中应用算法求解。

③算法选择。

常用的优化算法包括线性规划、动态规划、启发式算法等。算法的选择应基于所构建模型的特性、计算资源的可用性以及求解精度的要求。

（3）验证和实施

建模之后还需要不断循环模型验证、实施、监控调整等过程，以完成迭代优化。可以通过历史数据或仿真测试来验证模型的准确性，确保优化结果可靠。如果模型在测试中表现良好，可以实施模型提供的优化策略。优化是一个持续的过程，需持续监控供应链的表现，并根据实际情况调整策略和模型。

8.1.2　多级安全库存优化模型

多级安全库存优化（Multi-Echelon Inventory Optimization，MEIO）模型适用于包含多个节点（如供应商、制造商、分销商、零售商）和层级关系，各级节点的需求具有高度不确定性，不同节点之间的需求依赖关系复杂，客户对服务水平有较高要求，希望进行全局优化，在满足客户服务水平要求的同时，使整个供应链库存总成本最小化的多级供应链系统。

　　MEIO 模型是在单级安全库存优化模型基础上发展起来的。哈里斯（Harris）在 1913 年提出的经济订货批量（EOQ）模型是最早的库存管理模型之一，主要用于确定经济订货批量以使库存总成本最小化。报童模型用于处理单级周转库存问题，帮助决策者在需求不确定的情况下确定最佳订货批量。哈维·M. 瓦格纳（Harvey M. Wagner）和汤姆森·M. 怀特（Thomson M. Whitin）于 1958 年提出的 Wagner–Whitin 模型用于处理随时间变化的确定性需求，是解决动态批量生产问题的经典模型。以上这些模型都针对单级安全库存优化。赫伯特·E. 斯卡夫（Herbert E. Scarf）和艾伦·H. 克拉克（Allan H. Clark）于 1960 年提出的 Clark–Scarf 模型构建了基于串联随机系统的多级安全库存优化基础理论，是多级安全库存管理领域的一个重要里程碑，专门用于优化串联供应链中的库存控制。罗宾·O. 朗德（Robin O. Roundy）于 1985 年提出的 Roundy 模型主要用于解决在固定订货成本的情况下多级供应链中的批量生产和安全库存优化问题。该模型引入了 2 的幂策略（Power–of–Two Policies），即订货周期是 2 的幂次倍数（如 1, 2, 4, 8 等），简化了订货决策，使得大规模供应链系统优化变得可行。斯蒂芬·C. 格雷夫斯（Stephen C. Graves）和肖恩·P. 威廉斯（Sean P. Willems）于 2000 年提出的 Graves–Willems 模型是基于服务时间的优化方法，其在需求不稳定的情况下优化供应链网络战略库存位置，为多级安全库存优化提供了一种更为灵活和高效的方法。近年来，研究者们提出了多目标优化模型，综合考虑成本、时间和客户服务水平等多个目标，以实现供应链的全局优化。基于时间序列预测和动态信息融合的动态安全库存模型近年也有很大发展。

　　MEIO 模型的核心思想是通过平衡各类成本和客户服务水平，找到最优的安全库存配置。

　　（1）关键参数

　　关键参数如下：

　　D_i 是节点 i 的年需求分布，通常是随机变量，具有期望值和标准差；

　　Q_i 是节点 i 的订货批量；

L_i 是节点 i 的交货提前期；

h_i 是节点 i 的库存持有成本；

c_i 是节点 i 的单位机会成本或缺货成本；

S_i 是节点 i 的客户服务水平要求，通常表示为满足需求的概率；

t_i 是从出发节点 i 到到达节点 j 的运输成本；

Q 是节点 i 的订货批量；

N 是供应链中的总节点数；

Z 是正态分布的标准分数，用于确定客户服务水平。

（2）目标函数

模型的目标是使库存总成本最小化，同时保证供应链的每个阶段都能达到预期的客户服务水平。库存总成本包括库存持有成本、缺货成本和运输成本。优化过程主要是以下三个权衡过程：①库存持有成本与缺货持有成本的权衡，较高的安全库存虽然减少了缺货成本，但会增加库存持有成本，因此需要在库存持有成本与缺货持有成本之间找到一个合适的平衡点；②运输成本和库存持有成本的权衡，确定合适的补货量 Q_i 和补货频率；③客户服务水平和库存总成本的权衡，确定一个合理的客户服务水平 S_i 以满足客户需求，同时控制库存总成本。

目标函数可以表示为：

$$\min Z = \sum_{i=1}^{N} \left\{ h_i E[I_i(\mathrm{SS}_i)] + c_i E[O_i(\mathrm{SS}_i)] + t_i Q_i \right\}$$

$E[I_i(\mathrm{SS}_i)]$ 是节点 i 的期望库存，它是安全库存 SS_i 的函数。一般情况下，期望库存取决于安全库存 SS_i 和需求分布的特性。

$$E[I_i(\mathrm{SS}_i)] = \mathrm{SS}_i + \frac{L_i}{2} D_i$$

$E[O_i(\mathrm{SS}_i)]$ 是节点 i 的期望缺货量，依赖于需求的不确定性和安全库存 SS_i。通常，期望缺货量是需求超出安全库存时的量，通过对需求的概率分布进行积分计算：

$$E[O_i(\mathrm{SS}_i)] = \int_{\mathrm{SS}_i}^{\infty} (x - \mathrm{SS}_i) f(x) \mathrm{d}x$$

其中：

$f(x)$ 是需求概率密度函数；

x 是实际需求量。

（3）约束条件

服务水平约束：各级节点的库存必须满足客户服务水平要求。

$S_i \geqslant$ 客户服务水平要求 $\forall i$（注：$\forall i$ 表示对任意 i，该表达式均成立）

需求平衡约束：上游节点的出货量必须等于下游节点的需求量。

$$Q_i = Q_{i+1} \forall i$$

库存非负性约束：各节点的库存量必须为非负数。

$$I_i \geqslant 0 \; \forall i$$

（4）决策变量

安全库存 SS_i：决定各级节点的库存，以应对需求的不确定性。

补货量 Q_i：各级节点的补货量决定了库存的周转频率和运输成本。

客户服务水平 S_i：各级节点的客户服务水平决定了安全库存的目标值，从而影响库存总成本和缺货成本。

订单时间 T_i：决定各级节点的补货订单发出时间。

（5）求解方法

MEIO 模型通过全局优化视角，考虑了供应链各节点之间的关联性，能够提高整体客户服务水平，显著降低供应链的库存总成本。但是 MEIO 模型复杂度高，通常是非线性的且包含多个复杂约束条件，在供应链规模较大时，求解难度大。实际应用中，供应链的动态性和实时性问题可能影响模型的效果。

对较小规模的供应链，可以用动态规划（Dynamic Programming）方法通过递归求解分阶段决策问题。对需求不确定性强的供应链，可以用随机规划（Stochastic Programming）方法，针对需求采用场景分析模拟不同的、可能的未来情景，寻找最优解。对于大规模供应链，可以用启发式算法（Heuristic

Algorithm），如遗传算法、粒子群优化算法、模拟退火算法等近似求解。对于非常复杂的供应链，可以通过仿真优化（Simulation–Based Optimization）方法，结合优化算法调整决策变量，逐步逼近最优解。

8.2 多级安全库存优化集中策略和分散策略

8.2.1 集中策略和分散策略优化原理

集中策略就是把原本分散在多个站点的库存，从物理或信息角度集中在一个站点，利用需求的互补性将需求集中起来降低总库存量，从而平抑原本多个站点的需求波动。分散策略是指在供应链中的多个节点分别设置库存，各节点独立进行库存管理。每个仓库或节点的库存量与其所服务的市场需求直接相关，目的是通过贴近客户的库存配置提高供应链响应速度，减少交货时间。集中策略或分散策略的选择依据可以通过计算进行判断。

假设有 k 个地区，每个地区的需求特征如下：

都服从正态分布，且

D_i= 地区 i 的每期平均需求，i=1，2，$\cdots$，k。

σ_i= 地区 i 的每期需求标准差，i=1，2，$\cdots$，k。

ρ_{ij}= 地区 i 与地区 j 每期需求的相关性，$1 \leqslant i \neq j \leqslant k$。

同时，假设企业的供给提前期为 L，期望周期服务水平为 CSL，在满足所有地区需求的前提下，将库存分散在 k 个地区的安全库存为：

$$\text{分散策略下所需的总安全库存} = \sum_{i=1}^{k} F_s^{-1}(\text{CSL}) \times \sqrt{L} \times \sigma_i$$

如果将库存集中在一个设施中，首先需要估计总需求的分布情况。集中后的总需求服从均值为 D^C、标准差为 $\sigma_D{}^C$、方差为 $var(D^C)$ 的正态分布：

$$D^C = \sum_{i=1}^{k} D_i$$

$$\sigma_D{}^C = \sqrt{\sum_{i=1}^{k}\sigma_i{}^2 + 2\sum_{i>j}\rho_{ij}\sigma_i\sigma_j}$$

集中策略下所需的安全库存为：

$$\text{集中策略下所需的安全库存} = F_s^{-1} = (\text{CSL}) \times \sqrt{L} \times \sigma_i{}^C$$

假设库存持有成本为 H，则集中策略相较于分散策略，可以节约的成本为：

$$\text{集中策略节约的库存持有成本} = H \times F_s^{-1} = (\text{CSL}) \times \sqrt{L} \times \left(\sum_{i=1}^{k}\sigma_i - \sigma_D{}^C\right)$$

在 L、CSL 相等的前提下（提前期内需求相等），只需比较两者的大小即可判断采用集中策略安全库存是否降低。

当 $\rho_{ij}=1$ 时，$\sigma_D{}^C = \sqrt{\sum_{i=1}^{k}\sigma_i{}^2 + 2\sum_{i>j}\sigma_i\sigma_j} = \sqrt{(\sigma_1 + \sigma_2 + \ldots + \sigma_k)^2} = \sigma_1 + \sigma_2 + \ldots + \sigma_k = \sum_{i=1}^{k}\sigma_i$

此时，集中策略与分散策略下的标准差相等。

当 $\rho_{ij}<1$ 时，$\sigma_D{}^C = \sqrt{\sum_{i=1}^{k}\sigma_i{}^2 + 2\sum_{i>j}\rho_{ij}\sigma_i\sigma_j} < \sqrt{\sum_{i=1}^{k}\sigma_i{}^2 + 2\sum_{i>j}\sigma_i\sigma_j} = \sum_{i=1}^{k}\sigma_i$

此时，集中策略的标准差小于分散策略的标准差。

下例说明产品需求的相关性对集中策略效果的影响。

L 汽车销售公司有 4 家零售店，服务于整个华北地区（分散策略）。每家零售店每周的需求服从正态分布，且均值 $D=25$ 辆，标准差 $\sigma_D=5$ 辆。生产补货的提前期 $L=2$ 周。每家店铺负责一个独立的区域，两个不同区域之间的市场需求相关系数为 ρ。现在该经销商正在考虑将 4 家零售店整合，假设整合后的总需求不变，期望周期服务水平为 0.90，当需求相关系数 ρ 的值在 0 ~ 1 变动时，比较两种策略下的安全库存。

分散策略和集中策略下所需的安全库存如表 8-1 所示。

表 8-1　分散策略和集中策略下所需的安全库存

ρ 取值	分散策略下所需的安全库存 / 辆	集中策略下所需的安全库存 / 辆	集中策略节约的成本 / 辆
0	36.25	18.12	18.13

ρ 取值	分散策略下所需的安全库存 / 辆	集中策略下所需的安全库存 / 辆	集中策略节约的成本 / 辆
0.2	36.25	22.93	13.32
0.4	36.25	26.88	9.37
0.6	36.25	30.33	5.92
0.8	36.25	33.42	2.83
1.0	36.25	36.25	0

以上案例说明，只要区域之间的产品需求非完全正相关，集中策略就能降低需求不确定性，从而降低安全库存。而在现实情况中，大多数产品在不同区域的需求都是非完全正相关的。当需求完全互相独立时，如果不同地区的需求规模接近，那么集中策略的安全库存就是原有安全库存除以集中地区数量的平方根（平方根法则），即若互相独立的库存区域数量减少为原来的 $1/n$，则所需安全库存减少为原来的 $1/\sqrt{n}$。

下面简单推导需求变异系数和集中策略对降低安全库存的关系，假设各个区域需求相互独立且分布情况一致，需求变异系数用 CV 表示，则：

集中策略节约的库存持有成本 $= H \times F_s^{-1}(\text{CSL}) \times \sqrt{L} \times \left(\sum_{i=1}^{k} \sigma_i - \sigma_D^C \right) =$

$H \times F_s^{-1}(\text{CSL}) \times \sqrt{L} \times (k - \sqrt{k}) \sigma_D = [H \times F_s^{-1}(\text{CSL}) \times \sqrt{L} \times (k - \sqrt{k})] \times$

$[\frac{\sigma_D}{kD} \times D^C] = [H \times F_s^{-1}(\text{CSL}) \times \sqrt{L} \times (k - \sqrt{k}) \times \frac{1}{k} \times D^C] \times \text{CV}$

由此可知，集中策略下安全成本的节约随变异系数的增大而增大。

随着单位库存持有成本增加、周期服务水平提高、提前期延长、相关系数越靠近 -1，需求变异系数越大，集中策略节约的安全库存成本就越多。

8.2.2　集中策略和分散策略选择

（1）集中策略和分散策略的权衡

虽然集中存储可以节约成本，但并非所有产品类型和供应链网络都适合采用集中策略。将所有库存集中到一个地方，会降低库存持有成本，降低仓库建设和运营成本，但是会延长对客户订单的响应时间，增加运输成本。因此，管理者需要平衡管理杠杆，谨慎选择集中策略或分散策略。

一家线上零售商正在决策是采用 4 个分仓还是 1 个总仓向某区域供货。已知每个地区的周需求互相独立且服从正态分布，均值为 1 000 单位，标准差为 300 单位，提前期为 4 周，每件产品成本为 1 000 元，库存持有成本费率为 20%。零售商向客户承诺次日达，如果有 4 个分仓，可以选择成本为 10 元 / 单位的运输方式；如果只有 1 个总仓，必须使用成本为 13 元 / 单位的运输方式。1 个总仓比 4 个分仓每年的成本低 150 000 元，假设周期服务水平为 0.95，零售商应该选择总仓策略还是分仓策略？

库存集中会降低库存持有成本和建设成本，增加运输成本，因此需要计算各个增减项。

集中策略下：

库存持有成本节约量 $=H \times F_s^{-1}(\text{CSL}) \times \sqrt{L} \times (\sum_{i=1}^{k} \sigma_i - \sigma_D^C) = 1\,000 \times 0.2 \times$

$F_s^{-1}(0.95) \times \sqrt{4} \times (4 \times 300 - \sqrt{4} \times 300) = 394\,765$（元）

设施成本节约量 $=150\,000$（元）

运输成本增加量 $=4 \times 52 \times 1\,000 \times (13-10) = 624\,000$（元）

虽然集中策略使得库存持有成本和设施成本都下降了，但运输成本显著上升，相比分散策略总成本实际增加了 79 235（由 624 000–394 765–150 000 得）元，因此，该案例应该选用分散策略。

（2）集中策略适合场景

①需求变动性较小且可预测性高的产品，可以通过整合需求来有效降低库存

水平。例如，周期性需求较为稳定的物资（如季节性商品、基础原材料）往往适合集中管理。

②集中仓库能够高效覆盖多个市场的场景。当物流网络较为完善，能够快速、高效地覆盖多个区域市场时，集中策略能够最大限度地减少运输延迟，满足客户需求。集中策略在仓库地理分布较为紧凑或物流基础设施较好的情况下尤为适用。

③当产品的单位库存成本较高（如高价值、低需求量的产品）时，通过集中策略减少库存持有量能够显著降低库存总成本。

④需求波动较大但可以互相抵消的市场。整合多个市场的需求，可以有效平滑单个市场的波动，从而降低整体安全库存水平。

（3）分散策略适合场景

①当市场需求波动较大且难以预测时，分散策略能够提供较高的灵活性和较快的响应速度。在每个市场或销售点保持足够的库存，以应对突发需求。

②当客户对交货时间有严格要求时，分散策略能够缩短交货时间，提高客户满意度。例如，在快速消费品行业中，由于客户需求波动频繁且对交货时间敏感，分散策略可以确保各销售点及时补货，避免缺货导致销售损失。

③如果企业的物流成本较高或物流网络不够完善，频繁从集中仓库向各销售点配送会增加成本和延长交货时间。在这种情况下，分散策略可以通过在接近客户的地方存放库存，缩短运输距离和减少运输成本。

④当不同市场的需求特征差异较大时，分散策略能够更好地满足各市场的特定需求。通过为每个市场单独配置库存，企业能够根据当地需求制定库存策略，避免资源浪费。

随着人工智能、信息技术以及大模型的不断发展，安全库存集中优化策略分为线下集中库存和线上虚拟集中库存两种策略。线下集中库存策略是指企业将安全库存物理地集中于少数的仓库或物流中心，通常通过大型区域性仓库或中央仓库来管理整个供应链的库存需求。这种策略确保了库存的物理可见性和集中管理，便于企业对库存进行集中控制和调度。线上虚拟集中库存策略则通过信息技术实现库存的逻辑集中，即虽然库存物理上分散在不同区域的多个仓库或供应商处，但通过信息系统的统一管理，企业能够实现库存的实时可视化和协调调度，仿佛库存集中于一个虚拟中心。这一策略依赖于先进的信息技术，如云计算、物联网、人工智能和大数据分析。本节介绍的集中策略属于线下集中库存策略，线上虚拟集中库存策略实际上是本节介绍的分散策略，在数据可见性上是集中的，但在地理空间上是分散的。在现实供应链管理中，单一的线下集中或线上虚拟集中往往无法完全满足复杂的市场需求。为此，需要细分市场需求将两者进行有效融合。比如对于需求规模大，具有相对稳定的需求模式，物流基础设施完善，运输成本相对较低，配送时效有保障的核心市场，就可以采取设立大型的中央仓库或区域性仓库的集中策略实现规模经济效应和成本节约。对市场需求量较小且波动较大，可能受季节、区域经济波动或市场扩展期的影响，配送周期较长且成本较高的市场，就采用分散策略以降低库存成本。

8.3　多级安全库存优化推拉策略

8.3.1　推拉结合策略

供应链安全库存优化会采用推拉结合的策略，决定在何处存放安全库存，以及在哪个设施进行推式生产，在哪个设施进行拉式生产。拉式系统根据当前需求启动生产，生产是由成品的实际需求触发的，明确限制系统中可以存在的在制品数量；而推式系统根据未来需求启动生产，生产是独立于需求启动的，对系统中可以存在的在制品数量没有明确限制。

供应链的推拉策略最初源于供应链生产系统对订单的响应模式。当客户下了订单，货物从供应商到客户要经过供应提前期、生产提前期、运输提前期、配送提前期等一系列提前期。图 8-1 展示了供应链提前期结构。

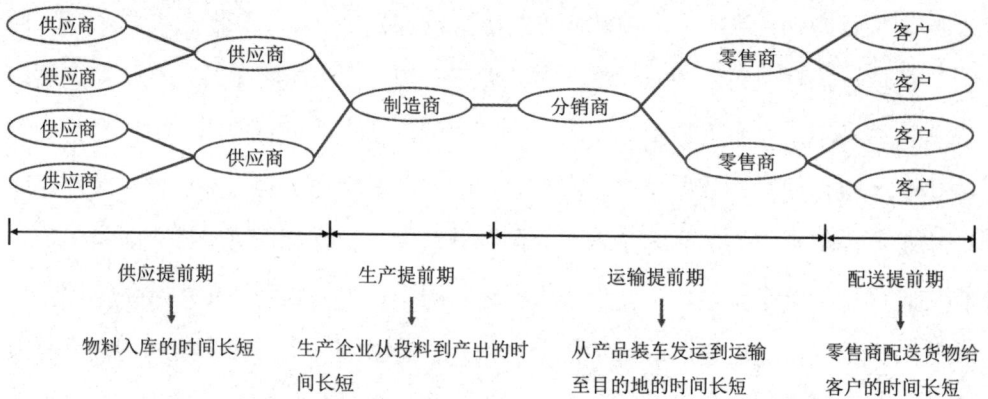

图 8-1　供应链提前期结构

供应链需要对提前期做一些设计以应对不同的需求，于是形成了以下四种供应链订单响应模式。

（1）按库存生产（Make to Stock，MTS）模式

按库存生产也称推式生产，即按照预测量进行生产。该模式下，制造商提前将产品生产出来，由分销商响应客户订单，供应链库存主要是产成品库存，交货提前期就是零售商配送货物给客户的时间。

（2）按订单装配（Assemble to Order，ATO）模式

按订单装配模式是指根据客户订单进行装配生产，由总装厂响应客户订单。而产品零部件的生产和采购都按预测以 MTS 模式进行，供应链中存储的主要是用于组装的零部件。商品的交货提前期由最终装配件的装配时间和运输时间决定。

（3）按订单生产（Make to Order，MTO）模式

按订单生产又称拉式生产，指根据客户订单进行生产，原材料和零部件根据订单采购，交货期由原材料采购提前期、零件制造提前期、部件装配提前期和运输提前期构成，交货提前期长，供应链库存以在制品库存为主。

（4）按订单设计（Engineer to Order，ETO）模式

按订单设计是指根据客户订单要求进行产品定制化设计、制造和装配。交货提前期包括设计提前期、采购提前期、制造提前期和运输提前期，提前期很长，供应链库存以在制品库存为主。

这四种模式的区别在于响应客户订单的供应链环节不同。图 8-2 展示了四种供应链订单响应模式与交货提前期的关系，订单响应环节越靠近上游，表明库存形态和位置离客户需求越远，响应需求的时间越长。

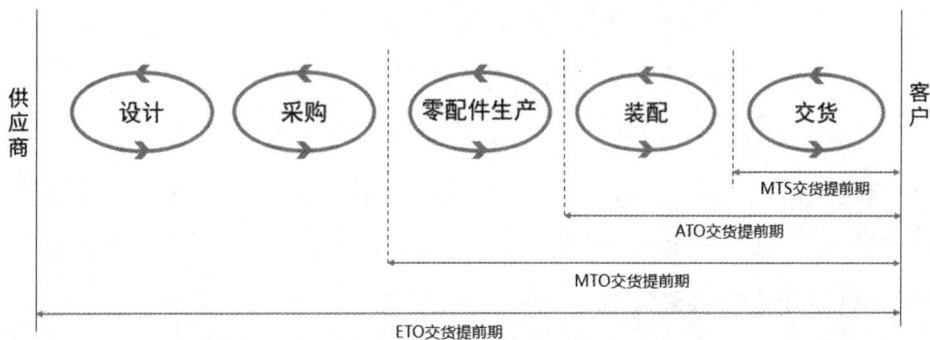

图 8-2 四种供应链订单响应模式与交货提前期的关系

供应链的订单响应点构成了推拉策略的结合点，订单响应点的上游采用推式生产，下游采用拉式生产。供应链安全库存的推拉策略与之相适应，如果安全库存按拉式策略设计，安全库存将主要以原材料或零部件的形式存放于供应链上游，单位安全库存的价值量较低，但库存数量可能较多。如果安全库存按推式策略设计，安全库存将主要以产成品的形式存放于供应链上游，单位安全库存的价值量较高。犹如供应链并不是完全采用推式策略或拉式策略的，大多会采用推拉结合的策略一样，供应链安全库存优化也会采用推拉结合策略，平衡快速响应市场需求与降低库存成本的目标。在供应链上游阶段（即推动阶段）采用推式策略，根据长期市场预测，计划性地采购和生产可能需要的零部件或半成品；在供应链下游阶段（即拉动阶段）则采用拉式策略，根据实际订单来安排生产和交付。这两个阶段的接口被称为推拉边界。推拉边界是推动阶段计划产出与拉动阶段生产输入的交界点，通常会设置缓冲库存。采用推拉结合策略的安全库存优化实质是在确定推拉边界应该在哪里。

图 8-3 展示了推拉结合策略的推拉边界和缓冲库存。

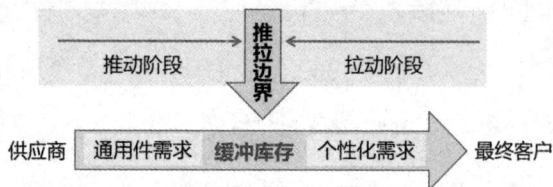

图 8-3 推拉结合策略的推拉边界和缓冲库存

在推拉结合策略下，企业通过市场需求预测得出通用件的总体需求量，采用备货方式对通用件进行大规模生产，并将其运输至推拉边界形成缓冲库存。当获取客户的实际订单后，再通过组装或简单加工，将缓冲库存中的通用件快速转化为个性化产品。这样既能享受规模经济效应以降低成本，又能满足客户的个性化需求，并以较短的时间交付产品。

推式策略有助于获得规模经济效应，拉式策略适合应对需求个性化。根据需求规模和需求变异系数可将需求类型分为四个区域，如图 8-4 所示。

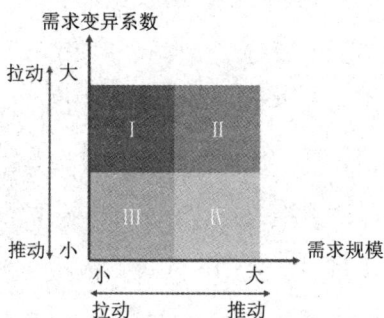

图 8-4 需求驱动的推拉策略

区域Ⅰ：需求波动大且规模小，规模经济效应不显著。适合采用拉式策略或以拉为主的推拉结合策略。

区域Ⅱ：需求波动大且规模大，适合采用推拉结合策略。以新能源汽车行业为例，原材料如电池、芯片等需要大规模采购降低成本，而消费者对配置和续航能力的要求日益个性化，因此普遍采用先通过长期预测采购关键部件，然后根据订单进行定制化生产的推拉结合策略。

区域Ⅲ：需求波动小且规模小，适合采用推拉结合策略。比如图书出版行业，对于纸张和墨水等通用件需求采用推式策略，而对于特定的书籍（如畅销书或长销书）则根据市场需求采取推拉结合策略进行印刷和库存管理。

区域Ⅳ：需求波动小且规模大，适合推式策略或以推为主的推拉结合策略。比如食品饮料行业中的瓶装饮料，长期预测需求稳定，通过大规模生产和运输能有效降低成本。

8.3.2 推拉结合策略优化方法

净提前期通过量化供应链各阶段的响应能力，为推拉结合策略提供了精确的安全库存优化依据。通过合理设置和调整净提前期，企业可以优化推拉边界，确保在各供应链节点上持有适量的安全库存，从而平衡响应速度与库存成本，最终提升供应链的整体效率和灵活性。净提前期（Net Lead Time）是供应链中某个阶段完成整个订单处理过程所需的时间与客户允许的订单交付时间之间的差值。计算公式如下：

$$L=\text{SI}+T-S$$

其中，SI 表示到达时间，站点向上游发出订单至订单交付所用的时间，包括上游将货物运输至站点的运输时间和上游对站点的承诺服务时间。

T 表示加工时间，产品到达站点后进行流通加工的时间。

S 表示承诺服务时间，站点收到下游订单到发货的时间间隔。

净提前期结构如图 8-5 所示。

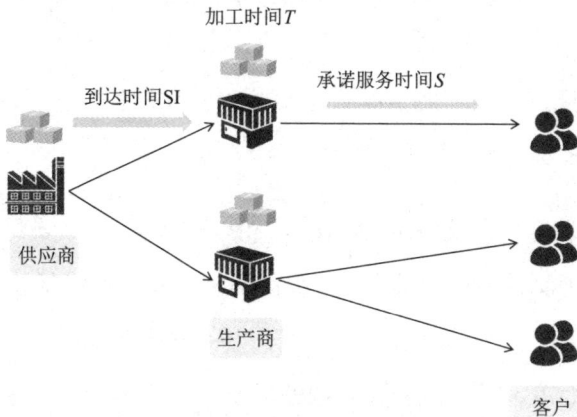

图 8-5 净提前期结构

净提前期通过量化供应链中的各个时间段，帮助决策者判断是否需要持有安全库存，以及在供应链中哪个位置持有安全库存最为合适。

当 $L > 0$ 时，意味着当前阶段的供应链响应时间不足以满足下游客户的交付要求，此时必须持有安全库存以应对可能的供需波动。

当 $L \leqslant 0$ 时，净提前期为零或负，表明当前阶段能够在客户允许的时间内完成订单处理，此时不需要持有安全库存，但库存的风险可能会转移到供应链的上游或下游。

可以通过设置合理的承诺服务时间 S，改变净提前期的长度，从而决定站点是否持有安全库存。对于一个多级供应链来说，阶段 2 对阶段 1 的承诺服务时间即阶段 1 的到达时间，如果阶段 1 不想持有库存，只能缩短 SI_1，当 $SI_2 + T_2 > S_2 = SI_1$ 时，阶段 2 就需要持有库存了，净提前期说明如图 8-6 所示。此时，库存就完成了转移。当需求和供给出现波动时，持有的库存中就必须包含安全库存。

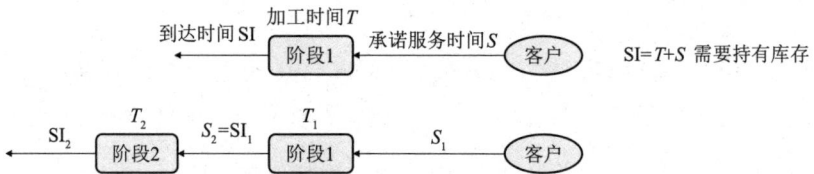

图 8-6 净提前期说明

因此，供应链安全库存推拉策略需要决策的内容转换为：为每个设施选择合适的承诺服务时间（S），从而选择库存的存放位置和存放量，以减少系统安全库存成本。

假设提前期稳定，已知期望周期服务水平，需求服从正态分布，且具有不确定性。则阶段 1 的安全库存计算公式为：

$$SS = F_s^{-1}(CSL) \times \sqrt{SI + T - S} \sigma_D$$

下面通过一个制造型供应链说明净提前期对多级安全库存推拉策略的影响。

已知 S 公司是一家车床制造企业，其需要的车床装配零件 1 由来自不同地区的 5 种零件组装而成，并且组装在异地完成。图 8-7 中标注了各种零件的产地、装配工序、成本以及运输时间。图 8-7 中阴影部分表示持有安全库存。原有运营情况下，S 公司的安全库存成本为 741 万元 / 年。

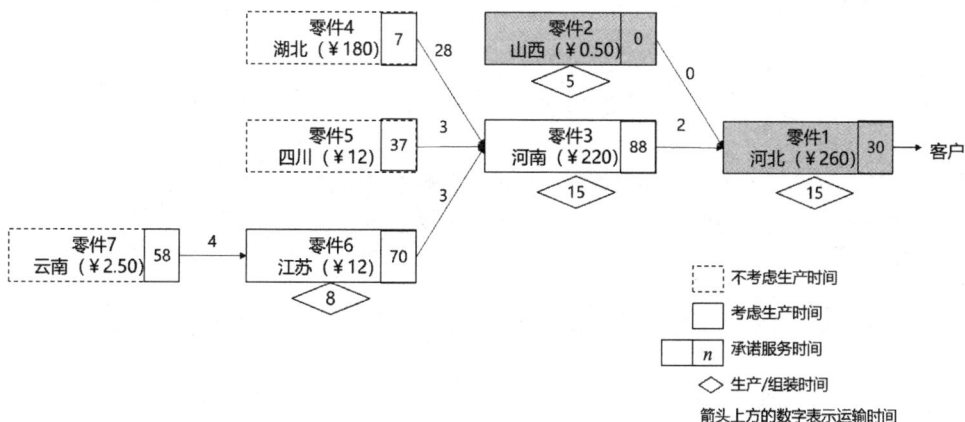

图 8-7　S 公司的零件供应链

在此基础上，通过改变承诺服务时间对安全库存进行优化，得到安全库存成本为 454 万元 / 年，降低了 39%，安全库存分布情况如图 8-8 所示，标注〇代表承诺服务时间发生改变。优化后，零件 2、3、6 的承诺服务时间变化情况为：0 天→5 天、88 天→13 天、70 天→32 天。安全库存从原来的零件 1、零件 2 转移到零件 2、3、5、7。可以看出，安全库存的两大变化趋势：向零件成本更低处转移；向供应链上游转移，仓储形式偏向通用件。

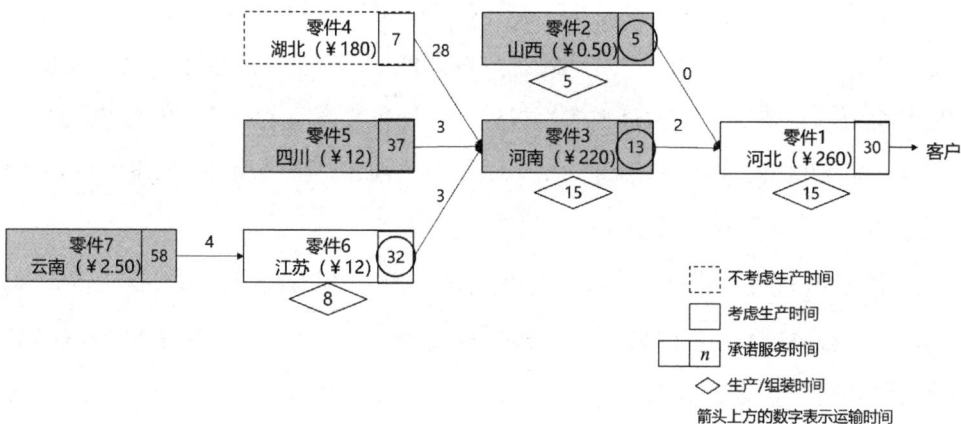

图 8-8　优化后的安全库存分布情况

接下来，在原有运营情况基础上将对客户的承诺服务时间缩短 50%，即 15

天，得到安全库存成本为 537 万元 / 年，节约了 28%。提高客户服务水平后的安全库存分布情况如图 8–9 所示。

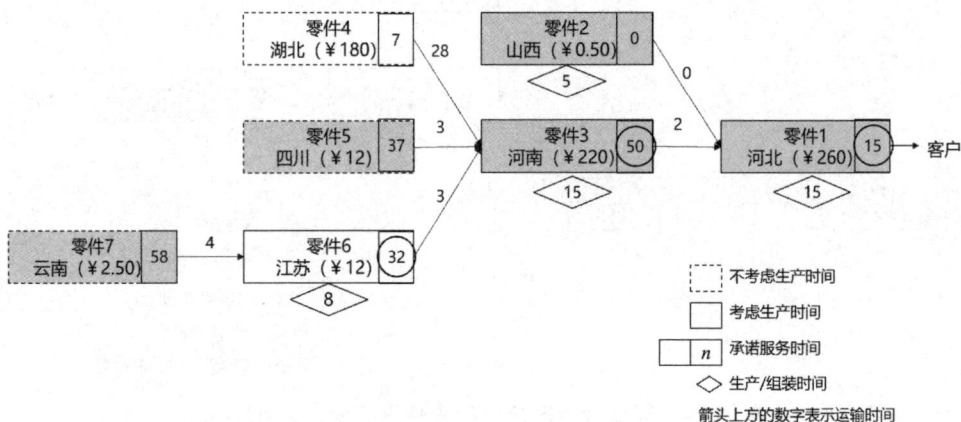

图 8–9　提高客户服务水平后的安全库存分布情况

与原有运营情况相比，安全库存同样呈现两大变化趋势：向零件成本更低处转移；向供应链上游转移，仓储形式偏向通用件。

与优化后的情况相比，由于客户服务水平大幅提高，库存前移已经不能满足需求，因此，必须持有零件 1 的安全库存。

净提前期的另一种表达方式是风险覆盖天数，指当一个供应链节点的供应时间（到达时间和加工时间）超过了下游客户所允许的交货时间时，企业需要持有多少天的安全库存来弥补这个时间差，确保即使在面临供应或需求波动时，也能够按时交货。它提供了一种直观的衡量标准，用来判断企业需要持有多少天的安全库存来抵御供应链中的不确定性。风险覆盖天数可以看作供应链管理中的一种时间缓冲，用于抵御供应和需求波动带来的风险。

假设在一个供应链中，某节点的供应时间为 15 天，而客户要求的交货时间为 10 天。这意味着，这个节点的净提前期为 5 天。换句话说，如果企业没有准备好足够的库存来覆盖这 5 天的时间差，一旦供应链中出现延误，企业就可能无法按时交货。在这个例子中，5 天就是风险覆盖天数。企业需要持有足够的安全库存来应对这 5 天内可能出现的供需波动。

第 **9** 章

供应链安全库存优化案例

本章运用前八章介绍的原理和技术方法，运用 Supply Chain Guru 软件进行建模，给出一个完整的供应链安全库存优化案例，供读者参考。

9.1 案例背景

范德兰德（Vandelay Industries）是一家生产型公司，产品包含 3 种基础元件（组件_01、组件_02、组件_03）、2 种半成品（半成品_01、半成品_02）和 4 种成品（成品_01、成品_02、成品_03、成品_04），产品 BOM 结构如图 9–1 所示。产品属性如表 9–1 所示。

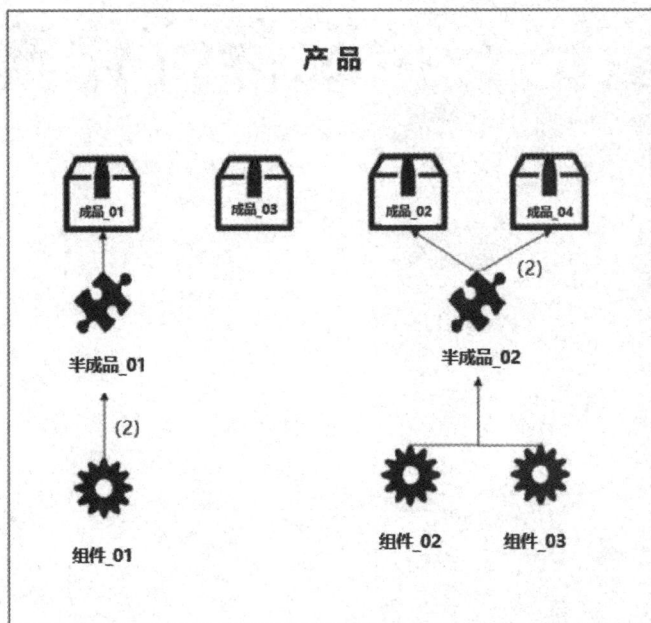

图 9–1　产品 BOM 结构

表 9-1 产品属性

产品 ID	名称	单位价值 / 美元	单位重量 / 千克	单位体积 / 立方米	运输 等级
1	组件 _01	100	1	0.10	100
2	组件 _02	10	5	0.48	100
3	组件 _03	15	7	0.67	100
4	成品 _01	70	20	1.92	100
5	成品 _02	50	30	2.88	100
6	成品 _03	150	5	0.48	100
7	成品 _04	600	2	0.19	100
8	半成品 _01	30	2	0.19	100
9	半成品 _02	250	15	1.44	100

范德兰德的供应链涉及美洲与亚洲，包含 2 个供应商（SUP）、1 个生产基地（MFG）、2 个中央配送中心（CDC）、5 个区域配送中心（RDC）、144 个客户（CZ）。

①2 个供应商（SUP）分别位于中国和墨西哥，在中国的供应商负责供应组件 _01，以海运的方式运往生产基地；在墨西哥的供应商负责供应组件 _02、组件 _03，以整车的方式运往生产基地。

②堪萨斯城的生产基地（MFG）接受上述元件用来生产半成品 _01、半成品 _02 和一种成品 _03，之后以整车的方式运往路易斯维尔和丹佛的中央配送中心（CDC）。

③路易斯维尔和丹佛的中央配送中心（CDC）组装零件以生产成品 _01、成品 _02、成品 _04。

④在组装之后，中央配送中心（CDC）通过卡车将产品运送到亚特兰大、芝加哥、哈里斯堡、达拉斯和萨克拉门托的区域配送中心（RDC）。

⑤成品通过包裹服务运送到客户手中。

该企业供应链网络如图 9-2 所示。

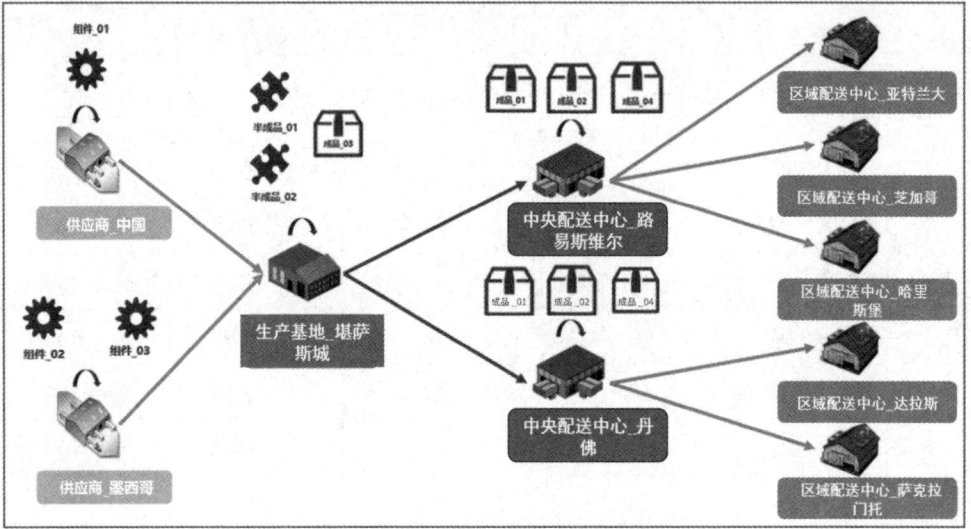

图 9-2　Vandelay Industries 供应链网络

供应链运输流程如图 9-3 所示。

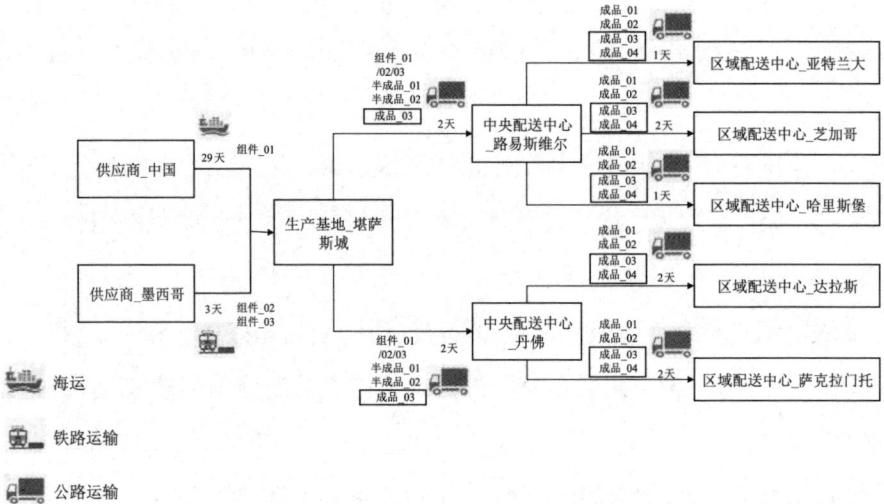

图 9-3　Vandelay Industries 供应链运输流程

目标客户服务水平为未缺货状态下的 **95%**。不考虑供应商库存，维持或提高当前的客户服务水平，以实现降低当前安全库存水平的目标。

9.2 建立基线模型和进行现状模拟分析

9.2.1 建立基线模型

进行供应链优化之前，需要将调研获取的信息抽象为若干结构化的输入数据表，通常将输入数据按要素分为物理要素、关系要素和生产要素，以此建立基线模型，进行现状模拟分析。相关内容可参考作者著的《供应链网络设计与优化》。表 9-2 显示了基线模型输入内容。

表 9-2 基线模型输入内容

要素类别	表格名	包含字段
物理要素	客户表	客户名称、客户所在地经纬度等
	站点表	站点名称、站点所在地经纬度、站点固定运营成本等
	产品表	产品名称、单位价值、单位体积等
	运输方式表	运输工具、单趟运输量等
关系要素	客户订单表	客户名称、产品名称、产品数量等
	客户采购规则	客户名称、产品名称、最小起订量等
	站点采购规则	站点名称、产品名称、采购策略、最小起订量等
	生产规则	站点名称、产品名称、固定订货时间等
	运输规则	运输方式等
	库存规则	站点名称、产品名称、期初库存、库存规则、回顾周期等
生产要素	BOM 表	产品名称、类型等
	BOM 分配	站点名称、产品名称等

（1）构建物理要素

①产品表。

产品是指在各节点中流动的实体，产品表包括产品名称、单位价值、单位体积等产品信息。本案例的产品表中定义了 9 种产品，包含 3 种基础元件、2 种半成品和 4 种成品。

②站点表。

站点是产品流的起始点、存储点以及中转点。本案例提供的站点表主要包括站点名称、站点所在地经纬度等信息，10 个站点，包含 2 个中央配送中心、5 个区域配送中心、1 个生产基地和 2 个供应商。

③客户表。

客户是网络的最终点，本案例中客户为零售商，共 144 个，均定义客户所在地经纬度。

④运输方式表。

该表定义了整车运输、海运、包裹服务三种运输方式。

（2）构建关系要素

①客户订单表。

客户订单表中包含客户名称、产品名称、产品数量等信息。根据所给的数据，客户订单表中一共有某年 1—12 月共 6 555 个订单信息。

②采购规则。

采购规则允许需求方从任何可能的供应来源针对特定的产品进行采购，包含客户采购规则和站点采购规则。

客户采购规则定义了供应链中的客户从哪里获得产品、获得哪些产品。客户向区域配送中心采购，同一个客户可能向多个区域配送中心采购不同产品，同一个区域配送中心也同时满足多个客户的需求。初始采购策略为多个来源（大部分库存）策略，此规则是在客户或站点启动订单时检查特定产品在所有可能来源的库存，然后选择库存最多的站点作为采购源。此规则允许需求方从所有可能来源针对特定的产品进行采购。

站点采购规则定义了网络中每个站点的站点名称、产品名称和采购策略。站点采购规则设置的初始采购策略为多个来源（按比例划分）策略，此规则是在客户或站点启动订单时检查特定产品在所有可能来源的库存，采购时按比例划分。

设定采购成本为 0，采购提前期为 0，无订货批量、最小起订量和最大供货距离等条件限制。

③库存规则。

库存规则定义相关产品库存方式、位置，以及相应的库存成本和能力。在基线模型中，输入的具体信息有产品名称、存储地点、库存方式、供应天数和客户服务水平要求。该供应链网络中各站点各产品的期初库存均为 0，供应天数均为 25 天，客户服务水平要求均为 0.95，规定各个站点各产品库存持有成本率。

④生产规则。

生产规则定义产品生产的地点和种类。在该供应链网络中，CDC 生产成品 _01、成品 _02、成品 _04 的固定订货时间为 1 天，MFG 生产半成品 _01、半成品 _02 和成品 _03 的固定订货时间为 2 天，SUP 生产组件 _01、组件 _02 和组件 _03 的固定订货时间为 0 天。

⑤运输规则。

运输规则将源站点和目的地站点连接起来，定义网络的产品运输矢量方向、运输方式、运输距离、运输时间和运输成本等参数。位于中国和墨西哥的两家供应商在向美国堪萨斯城生产基地运输基础元件时分别采用海运和铁路运输，运输时间分别为 29 天和 3 天；堪萨斯城的生产基地通过公路运输将组件、半成品和成品运送到美国路易斯维尔和丹佛的中央配送中心，运输时间为 2 天；路易斯维尔和丹佛的中央配送中心通过公路运输将成品发往亚特兰大、芝加哥、哈里斯堡、达拉斯和萨克拉门托的区域配送中心，运输时间分别为 1 天、2 天、1 天、2 天、2 天；随后，成品通过包裹服务从 5 个区域配送中心运送到美国各地的客户所在地。

（3）构建生产要素

本案例中，生产要素主要为 BOM，BOM 中有图 9-1 所示的 4 种成品和 2 种半成品的材料清单。

9.2.2 进行现状模拟分析

（1）需求类型和补货策略

产品年需求量汇总如图 9-4 所示，客户对成品 _01 和成品 _02 的需求量远大

于对成品 _03 和成品 _04 的需求量。

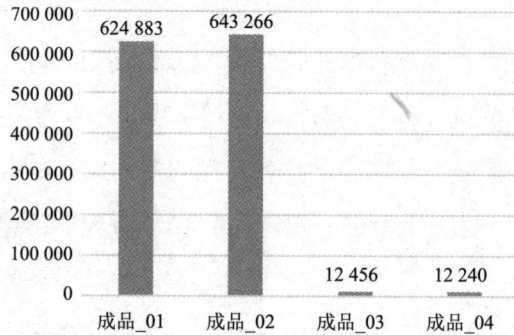

图 9-4　产品年需求量汇总

根据图 9-5 所示需求类型判断方法，计算站点 – 产品需求特征，并划分需求类型，结果如表 9-3 所示。

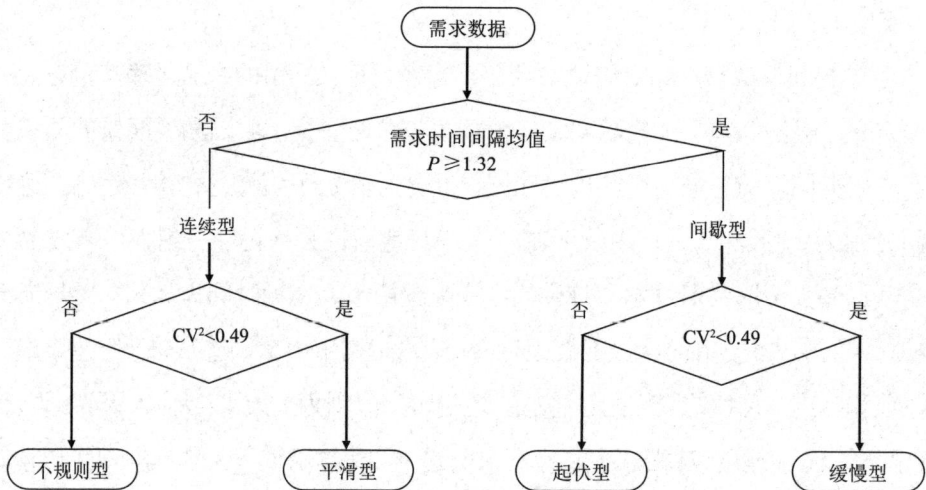

图 9-5　需求类型判断方法

表 9-3 站点 - 产品需求情况

站点名称	产品名称	需求类型	需求均值	需求标准差	需求变异系数
RDC_Harrisburg	成品_01	平滑型	342.893 44	87.342 98	0.254 723 392
RDC_Chicago	成品_01	平滑型	481.273 22	140.757 20	0.292 468 382
RDC_Atlanta	成品_01	平滑型	324.972 68	74.559 74	0.229 433 871
RDC_Sacramento	成品_01	平滑型	358.918 03	112.619 85	0.313 775 962
RDC_Dallas	成品_01	平滑型	199.273 22	52.876 56	0.265 347 045
CDC_Louisville	成品_01	平滑型	1 149.139 34	294.035 03	0.255 874 131
CDC_Denver	成品_01	平滑型	558.191 26	134.283 78	0.240 569 478
CDC_Louisville	半成品_01	平滑型	1 149.139 34	294.035 03	0.255 874 131
CDC_Denver	半成品_01	平滑型	558.191 26	134.283 78	0.240 569 478
MFG_Kansas City	半成品_01	平滑型	1 707.330 60	381.237 97	0.223 294 756
MFG_Kansas City	组件_01	平滑型	3 414.661 20	762.475 95	0.223 294 759
SUP_China	组件_01	平滑型	3 414.661 20	762.475 95	0.223 294 759
RDC_Harrisburg	成品_02	平滑型	414.185 79	94.113 65	0.227 225 685
RDC_Chicago	成品_02	平滑型	466.978 14	134.497 3	0.288 016 266
RDC_Atlanta	成品_02	平滑型	335.079 23	83.896 75	0.250 378 843
RDC_Sacramento	成品_02	平滑型	290.923 50	59.411 91	0.204 218 325

续表

站点名称	产品名称	需求类型	需求均值	需求标准差	需求变异系数
RDC_Dallas	成品_02	平滑型	250.390 71	62.472 68	0.249 500 790
CDC_Louisville	成品_02	平滑型	1 216.243 17	299.005 15	0.245 843 231
CDC_Denver	成品_02	平滑型	541.314 21	112.950 72	0.208 660 179
CDC_Louisville	半成品_02	平滑型	1 268.013 66	379.443 05	0.299 242 084
CDC_Denver	半成品_02	平滑型	556.428 96	129.885 87	0.233 427 588
MFG_Kansas City	半成品_02	平滑型	1 824.442 62	476.920 31	0.261 406 034
MFG_Kansas City	组件_02	平滑型	1 824.442 62	476.920 31	0.261 406 034
MFG_Kansas City	组件_03	平滑型	1 824.442 62	476.920 31	0.261 406 034
SUP_Mexico	组件_02	平滑型	1 824.442 62	476.920 31	0.261 406 034
SUP_Mexico	组件_03	平滑型	1 824.442 62	476.920 31	0.261 406 034
RDC_Harrisburg	成品_04	起伏型	9.926 23	39.547 27	3.984 117 837
RDC_Atlanta	成品_04	起伏型	11.229 51	46.444 33	4.135 917 774
RDC_Chicago	成品_04	起伏型	4.729 51	19.646 62	4.154 049 785
RDC_Dallas	成品_04	起伏型	2.967 21	11.542 13	3.889 893 199
RDC_Sacramento	成品_04	起伏型	4.590 16	18.508 24	4.032 155 742
CDC_Louisville	成品_04	起伏型	25.885 25	105.578 63	4.078 717 803

续表

站点名称	产品名称	需求类型	需求均值	需求标准差	需求变异系数
CDC_Denver	成品_04	起伏型	7.557 38	30.037 34	3.974 570 552
RDC_Harrisburg	成品_03	起伏型	9.172 13	37.467 29	4.084 906 123
RDC_Atlanta	成品_03	起伏型	6.467 21	25.891 4	4.003 488 367
RDC_Chicago	成品_03	起伏型	9.942 62	41.504 7	4.174 422 838
RDC_Sacramento	成品_03	起伏型	4.295 08	17.224 71	4.010 335 081
RDC_Dallas	成品_03	起伏型	4.155 74	16.098 17	3.873 719 241
CDC_Louisville	成品_03	起伏型	25.581 97	104.818 63	4.097 363 495
CDC_Denver	成品_03	起伏型	8.450 82	33.302 95	3.940 795 094
MFG_Kansas City	成品_03	起伏型	34.032 79	138.067 22	4.056 888 078

根据需求类型采用推荐补货策略。路易斯维尔和丹佛的中央配送中心对产品成品 _04，以及堪萨斯城的生产基地对产品成品 _03 采用 (T, S) 策略，其他站点对所有产品均采用 (R, Q) 策略。

运行 Supply Chain Guru 软件，得到基线模型运行结果。

（2）供应链成本分析

基线场景下，供应链的成本数据如表 9-4 所示，安全库存成本约占库存总成本的 6.67%。

表 9-4　基线场景下供应链成本

场景	安全库存成本	周转库存成本	在制库存成本	库存总成本
基线场景	247 254.208	1 597 203.293	97 603.091 51	3 706 613.268

供应链各站点中各产品的安全库存量如图 9-6 所示，可以看出，堪萨斯城生产基地的安全库存量最大，其次为在丹佛的中央配送中心。其中，半成品 _01 在生产基地的安全库存量最大，其次为组件 _01。整体看来，基础元件及半成品的安全库存量较大，成品的安全库存量较小，在 4 类成品中，成品 _03 和成品 _04 的安全库存量很小。

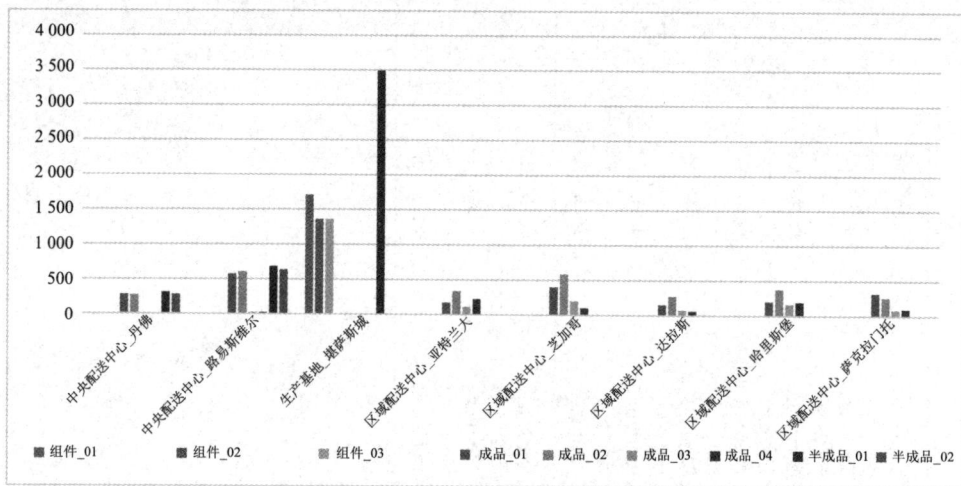

图 9-6　各站点中各产品安全库存量

各站点的安全库存成本与库存总成本如表 9-5 所示。生产基地为生产储备一定的基础元件，设置安全库存时需要同时考虑生产、需求、运输、补货、季节性和客户服务水平等因素。

表 9-5　各站点安全库存成本与库存总成本

站点名称	安全库存成本	库存总成本
CDC_Denver	21 377.608 9	283 085.992 6
CDC_Louisville	44 637.489 4	640 068.657 5
MFG_Kansas City	46 557.456 2	2 428 112.112
RDC_Atlanta	32 837.119 0	71 216.250 41
RDC_Chicago	30 096.230 1	97 846.191 77
RDC_Dallas	13 351.078 4	42 039.507 94
RDC_Harrisburg	34 981.578 1	82 000.723 29
RDC_Sacramento	19 415.648 3	62 236.311 77
SUP_China	0	6.016 44
SUP_Mexico	0	1.504 11
总计	243 254.208 4	3 706 613.268

各产品占用的安全库存成本如图 9-7 所示。可以看出成品 _04 虽然安全库存量不大，但是占用的安全库存成本却最高，这是因为它价值很高。半成品 _02 占用的安全库存成本仅次于成品 _04。而其他产品虽然安全库存量较大，但它们的价值较低，占用的安全库存成本不高，不会造成过重的成本负担。

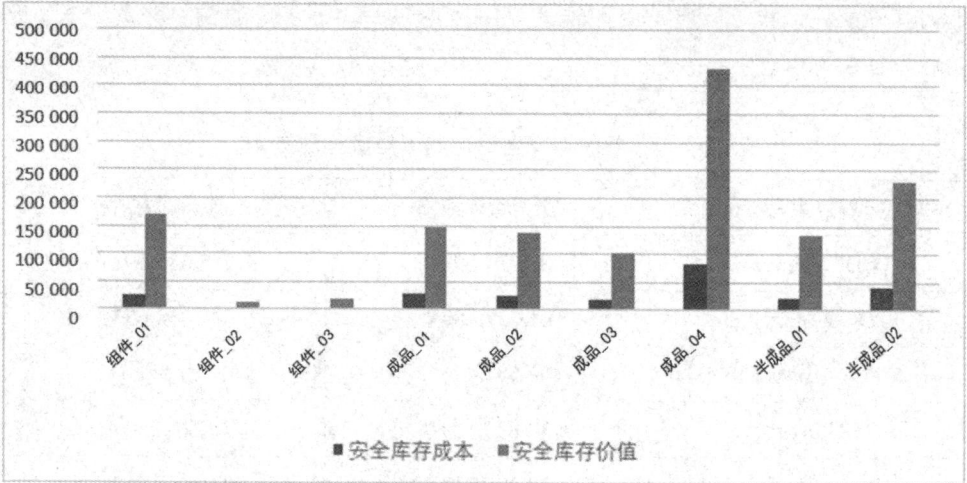

图 9-7 各产品占用的安全库存成本

9.3 优化策略和优化过程

9.3.1 优化思路

根据安全库存计算公式：

$$\mathrm{SS} = F_s^{-1}(\mathrm{CSL}) \times \sigma_L = F_s^{-1}(\mathrm{CSL}) \times \sqrt{L}\sigma_D$$

安全库存的大小与周期服务水平 CSL、提前期 L 和需求标准差 σ_D 有关。

周期服务水平和安全库存大小之间存在权衡，本案例中默认的周期服务水平为 0.95，可以通过比较周期服务水平对成本增加的边际效益，以寻找合适的周期服务水平。

提前期的变化是供应不确定性的表现形式，对于每个站点，净提前期等于上一站点的到达服务时间 SI 加上加工时间 T，然后减去对客户的承诺服务时间 S。计算公式如下：

$$L=\mathrm{SI}+T-S$$

重新设置承诺服务时间，可以改变净提前期长度，并改变安全库存的位置和数量。对提前期的优化由此转化为：选择每个设施适合的承诺服务时间 S，从而选择库存的存放位置和存放量，形成新的推拉结合点，以减少系统的安全库存。

安全库存与周期需求的标准差成正比，需求的波动越大安全库存越大。为了降低需求波动对供应链安全库存成本的影响，可以考虑将分散策略转变为集中策略，降低需求的波动性。需求波动越大、需求的相关性（ρ_{ij}）越小时，使用集中策略后安全库存优化效果越好。

9.3.2 优化过程

（1）客户服务水平优化

本案例的优化目标之一是维持或提高客户服务水平。使用控制变量的方法，在 92% ~ 98% 的范围内调整客户服务水平，进行多次实验获得实验结果如表 9–6 所示。

表 9–6 客户服务水平与安全库存成本

项目	数值								
客户服务水平	91%	92%	93%	94%	95%	96%	97%	98%	99%
安全库存成本	99 058	100 206	111 068	143 128	156 947	174 625	197 560	229 949	285 931
安全库存成本增长率		1.16%	10.84%	28.87%	9.65%	11.26%	13.13%	16.39%	24.35%

从表 9–6 中可以看出，客户服务水平提高带来的安全库存成本增长率差异较大。客户服务水平为 95% 时安全库存成本增长率最低，客户服务水平升至 98% 以上时，安全库存成本陡增。因此，95% 是适宜的客户服务水平。如果需要提升客户服务水平，需要将客户服务水平控制在 97% 以下。

（2）推拉策略优化

根据表 9–3，以需求变异系数为横坐标，需求均值为纵坐标，需求变异系数为气泡大小制作气泡图，结果如图 9–8 所示。以需求变异系数 =0.7、需求均值 =100 绘制两条直线，将图分割为 4 个部分，可以观察到大多数气泡集中在左上角和右下角。

图 9-8 中，左上角气泡代表需求量大、需求变动小的产品类型，库存的位置应该靠近消费者以降低运输成本，即使用推式策略；右下角气泡代表需求量小、需求变动大的产品类型，库存的位置应该靠近供应端以降低库存成本，即使用拉式策略。

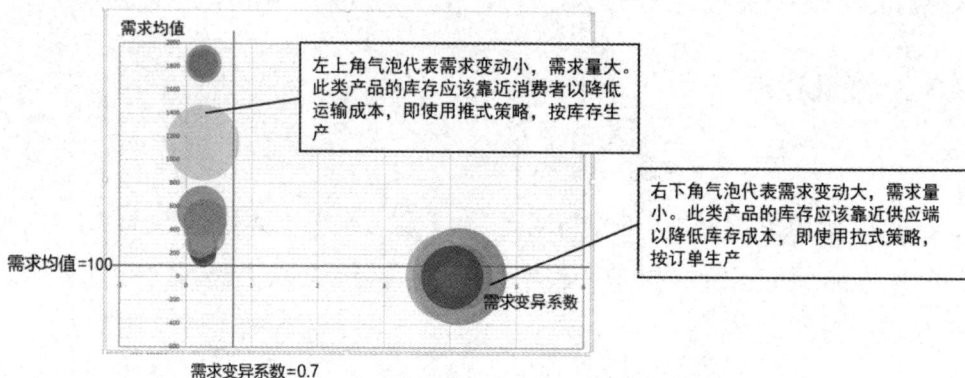

图 9-8　根据需求均值和需求变异系数绘制的气泡图

汇总适合推式策略的产品如表 9-7 所示。

两种成品（成品_01、成品_02）在中央配送中心和区域配送中心处，两种半成品（半成品_01、半成品_02）在中央配送中心处，所有基础元件和半成品在制造商处的需求都符合需求变异系数小于 0.7、需求均值大于 100 的条件，需求类型为平滑型，适合推式策略。由于基线模型对这些产品采用推式策略，因此对这些产品不再考虑通过推拉策略优化。

汇总适合拉式策略的产品如表 9-8 所示。

表 9-7 适合推式策略的产品

站点名称	产品名称	安全库存价值	需求均值	需求标准差	需求变异系数	需求类型
区域配送中心_亚特兰大	成品_01	12 180	324.972 68	74.559 74	0.229 433 871	Smooth
区域配送中心_亚特兰大	成品_02	16 900	335.079 23	83.896 75	0.250 378 843	Smooth
区域配送中心_芝加哥	成品_01	28 070	481.273 22	140.757 2	0.292 468 382	Smooth
区域配送中心_芝加哥	成品_02	29 300	466.978 14	134.497 3	0.288 016 266	Smooth
区域配送中心_达拉斯	成品_01	10 570	199.273 22	52.876 56	0.265 347 045	Smooth
区域配送中心_达拉斯	成品_02	13 600	250.390 71	62.472 68	0.249 500 790	Smooth
区域配送中心_哈里斯堡	成品_01	14 280	342.893 44	87.342 98	0.254 723 392	Smooth
区域配送中心_哈里斯堡	成品_02	19 000	414.185 79	94.113 65	0.227 225 685	Smooth
区域配送中心_萨克拉门托	成品_01	22 470	358.918 03	1 112.619 85	0.313 775 962	Smooth
区域配送中心_萨克拉门托	成品_02	12 950	290.923 5	59.411 91	0.204 218 325	Smooth
中央配送中心_丹佛	成品_01	0	558.191 26	134.283 78	0.240 569 478	Smooth
中央配送中心_丹佛	半成品_01	38 070	558.191 26	134.283 78	0.240 569 478	Smooth
中央配送中心_丹佛	成品_02	0	541.314 21	112.950 72	0.208 660 179	Smooth
中央配送中心_路易斯维尔	成品_02	0	556.428 96	129.885 87	0.233 427 588	Smooth
中央配送中心_路易斯维尔	成品_01	0	1 149.139 34	294.035 03	0.255 874 131	Smooth
中央配送中心_路易斯维尔	半成品_01	83 370	1 149.139 34	294.035 03	0.255 874 131	Smooth

续表

站点名称	产品名称	安全库存价值	需求均值	需求标准差	需求变异系数	需求类型
中央配送中心_路易斯维尔	成品_02	0	1 216.243 17	299.005 15	0.245 843 231	Smooth
中央配送中心_路易斯维尔	半成品_02	0	1 268.013 66	379.443 05	0.299 242 084	Smooth
生产基地_堪萨斯城	半成品_01	0	1 707.330 6	381.237 97	0.223 294 756	Smooth
生产基地_堪萨斯城	组件_01	0	3 414.661 2	762.475 95	0.223 294 759	Smooth
生产基地_堪萨斯城	半成品_02	0	1 824.442 62	476.920 31	0.261 406 034	Smooth
生产基地_堪萨斯城	组件_02	13 590	1 824.442 62	476.920 31	0.261 406 034	Smooth
生产基地_堪萨斯城	组件_03	20 385	1 824.442 62	476.920 31	0.261 406 034	Smooth
供应商_中国	组件_01	0	3 414.661 2	762.475 95	0.223 294 759	Smooth
供应商_墨西哥	组件_02	0	1 824.442 62	476.920 31	0.261 406 034	Smooth
供应商_墨西哥	组件_03	0	1 824.442 62	476.920 31	0.261 406 034	Smooth

表9-8 适合拉式策略的产品

站点名称	产品名称	安全库存价值	需求均值	需求标准差	需求变异系数	需求类型
区域配送中心_亚特兰大	成品_04	135 600	11.229 51	46.444 33	4.135 917 774	Lumpy
区域配送中心_亚特兰大	成品_03	17 250	6.467 21	25.891 4	4.003 488 367	Lumpy
区域配送中心_芝加哥	成品_04	62 400	4.729 51	19.646 62	4.154 049 785	Lumpy
区域配送中心_芝加哥	成品_03	30 300	9.942 62	41.504 7	4.174 422 838	Lumpy
区域配送中心_达拉斯	成品_04	37 800	2.967 21	11.542 13	3.889 893 199	Lumpy
区域配送中心_达拉斯	成品_03	12 000	4.155 74	16.098 17	3.873 719 241	Lumpy
区域配送中心_哈里斯堡	成品_04	116 400	9.926 23	39.547 27	3.984 117 837	Lumpy
区域配送中心_哈里斯堡	成品_03	24 750	9.172 13	37.467 29	4.084 906 123	Lumpy
区域配送中心_萨克拉门托	成品_04	59 400	4.590 16	18.508 24	4.032 155 742	Lumpy
区域配送中心_萨克拉门托	成品_03	12 750	4.295 08	17.224 71	4.010 335 081	Lumpy
中央配送中心_丹佛	成品_04	0	7.557 38	30.037 34	3.974 570 552	Lumpy
中央配送中心_丹佛	成品_03	0	8.450 82	33.302 95	3.940 795 094	Lumpy
中央配送中心_路易斯维尔	成品_04	0	25.885 25	105.578 63	4.078 717 803	Lumpy
中央配送中心_路易斯维尔	成品_03	0	25.581 97	104.818 63	4.097 363 495	Lumpy
生产基地_塔萨斯城	成品_03	0	34.032 79	138.067 22	4.056 888 078	Lumpy

表 9-8 中，成品 _03、成品 _04 在生产基地、中央配送中心以及区域配送中心处的需求变异系数均大于 0.7，需求均值小于 100，需求类型为起伏型，具有数值波动大、时间间隔长的特点，适合拉式策略。成品 _03、成品 _04 在 5 个区域配送中心处存有大量安全库存，因此尝试调整成品 _03、成品 _04 承诺服务时间的上限以改变产品的净提前期，使安全库存从区域配送中心向上游转移。目前生产基地 – 中央配送中心的承诺服务时间是 2 天，中央配送中心 – 区域配送中心的承诺服务时间是 1 ~ 2 天，如图 9-9 所示。因为需要将承诺服务时间改变为大于等于运输时间，所以将生产基地 – 中央配送中心和中央配送中心 – 区域配送中心的承诺服务时间统一调整为 2 天。

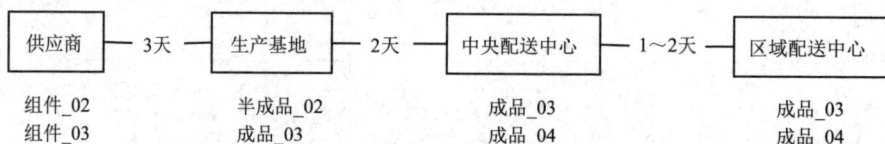

图 9-9　目前的承诺服务时间

优化后各站点各产品的安全库存在供应链网络中的分布如图 9-10 所示。

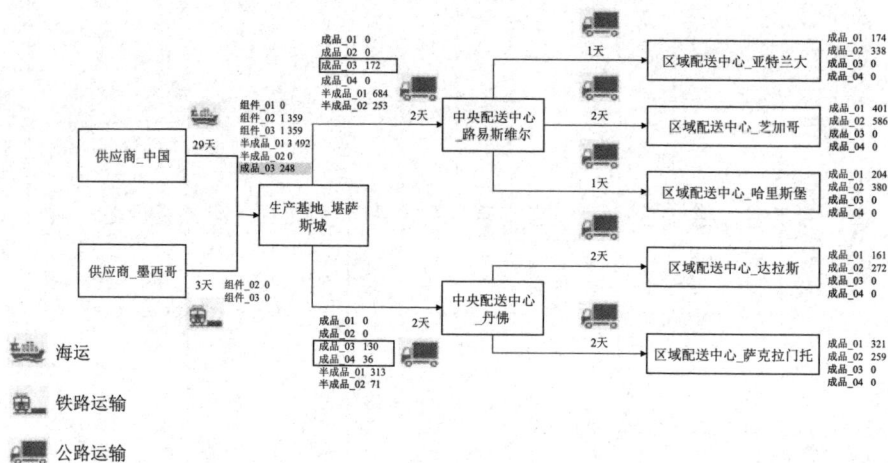

图 9-10　推拉策略下供应链网络安全库存分布

图 9-10 中，加粗部分表示对应 SKU 的安全库存下降，方框部分表示对应 SKU 的安全库存上升，底色部分表示对应的 SKU 出现了新的安全库存。可见，优化后的供应链，成品 _03、成品 _04 在区域配送中心中已无安全库存，成品 _04

的安全库存全部转移到了中央配送中心 _ 丹佛，成品 _03 的安全库存转移到了中央配送中心和生产基地。

推拉策略优化前后的库存成本对比见表 9-9，安全库存量对比见表 9-10。

表 9-9 推拉策略优化前后的库存成本对比

情景	安全库存成本	库存总成本	周转库存成本	在制库存成本
基线模型	247 254.208	3 706 613.268	1 597 203.293	97 603.091 51
推拉策略优化方案	92 740.038 08	3 552 099.098	1 597 203.293	97 603.091 51
成本减少百分比	62.49%	4.17%	0	0

表 9-10 推拉策略优化前后各产品的安全库存量对比

情景	成品 _01	成品 _02	成品 _03	成品 _04	半成品 _02	组件 _01
基线模型	2 106	2 715	682	720	914	1 708
推拉策略优化方案	1 251	1 835	550	36	324	0
安全库存量减少百分比	40.6%	32.4%	19.4%	95.0%	64.6%	100.0%

注：其他未说明产品的安全库存量无变化。

（3）集中策略

集中策略是把供应链上同一级中多个库存点聚集成一个库存中心，利用需求的空间聚集来降低需求的不确定性，有效地降低安全库存。

分别从站点和产品的角度出发，分三个方案对安全库存进行聚集。

方案一只对站点进行安全库存聚集：根据站点间需求的相关性高低，将相关性低的站点的安全库存聚集。

方案二只对产品进行安全库存聚集：将相关性低的产品的安全库存聚集。

方案三对站点和产品同时进行安全库存聚集：选择相关性低的站点，将相关性低的产品的安全库存聚集。

对各处 RDC 站点进行需求相关性分析。由集中策略的原理可知，两站点之间的相关性越低，聚集后安全库存的下降程度越明显。用 SPSS 软件进行站点和产品之间的需求相关性分析，结果如表 9-11 和表 9-12 所示。

表 9-11 各站点需求相关性分析结果

站点		区域配送中心－亚特兰大	区域配送中心－芝加哥	区域配送中心－达拉斯	区域配送中心－哈里斯堡	区域配送中心－萨克拉门托
区域配送中心－亚特兰大	皮尔逊相关性	1	0.848**	0.773**	0.857**	0.804**
	显著性（双尾）		0.000	0.000	0.000	0.000
	个案数	365	365	365	365	365
区域配送中心－芝加哥	皮尔逊相关性	0.848**	1	0.782**	0.815**	0.830**
	显著性（双尾）	0.000		0.000	0.000	0.000
	个案数	365	365	365	365	365
区域配送中心－达拉斯	皮尔逊相关性	0.773**	0.782**	1	0.779**	0.760**
	显著性（双尾）	0.000	0.000		0.000	0.000
	个案数	365	365	365	365	365
区域配送中心－哈里斯堡	皮尔逊相关性	0.857**	0.815**	0.779**	1	0.824**
	显著性（双尾）	0.000	0.000	0.000		0.000
	个案数	365	365	365	365	365
区域配送中心－萨克拉门托	皮尔逊相关性	0.804**	0.830**	0.760**	0.824**	1
	显著性（双尾）	0.000	0.000	0.000	0.000	
	个案数	365	365	365	365	365

**. 在 0.01 级别（双尾），相关性显著。

表9-12　各产品需求相关性分析结果

需求量		成品_01需求量	成品_02需求量	成品_03需求量	成品_04需求量
成品_01需求量	皮尔逊相关性	1	0.903**	0.174**	0.174**
	显著性（双尾）		0.000	0.001	0.001
	个案数	365	365	365	365
成品_02需求量	皮尔逊相关性	0.903**	1	0.184**	0.184**
	显著性（双尾）	0.000		0.000	0.000
	个案数	365	365	365	365
成品_03需求量	皮尔逊相关性	0.174**	0.184**	1	1.000**
	显著性（双尾）	0.001	0.000		0.000
	个案数	365	365	365	365
成品_04需求量	皮尔逊相关性	0.174**	0.184**	1.000**	1
	显著性（双尾）	0.001	0.000	0.000	
	个案数	365	365	365	365

**. 在 0.01 级别（双尾），相关性显著。

方案一：只对站点进行安全库存聚集。

从对站点的需求相关性分析中看出，区域配送中心 _ 芝加哥、区域配送中心 _ 哈里斯堡之间的相关性为 0.815，区域配送中心 _ 达拉斯、区域配送中心 _ 亚特兰大之间的相关性为 0.773，区域配送中心 _ 亚特兰大、区域配送中心 _ 萨克拉门托之间的相关性为 0.804，区域配送中心 _ 达拉斯、区域配送中心 _ 萨克拉门托之间的相关性为 0.760，值均小于 1。因此将区域配送中心 _ 芝加哥、区域配送中心 _ 哈里斯堡的安全库存聚集在距离中央配送中心 _ 路易斯维尔较近的区域配送中心 _ 哈里斯堡处，将区域配送中心 _ 亚特兰大、区域配送中心 _ 萨克拉门托、区域配送中心 _ 达拉斯的安全库存聚集在距离中央配送中心 _ 丹佛较近的区域配送中心 _ 达拉斯处，以求得在降低安全库存的基础上尽可能降低运输成本。安全库存聚集后的安全库存分布如图 9-11 所示。

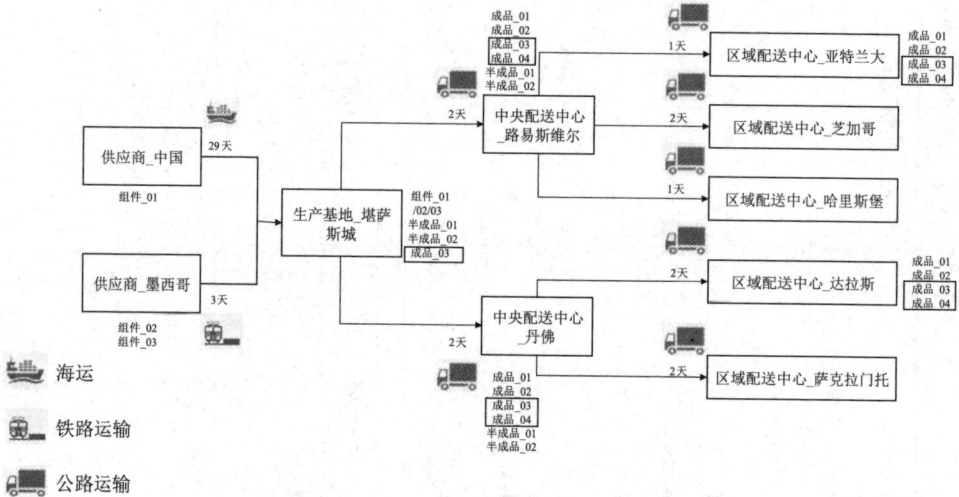

图 9-11 集中策略方案一安全库存分布

方案二：只对各产品进行安全库存聚集。

从各产品的需求相关性分析中看出，成品 _01 和成品 _02 的相关性为 0.903，成品 _03 和成品 _04 之间的相关性为 1，均较高，因此不能将成品 _01 和成品 _02、成品 _03 和成品 _04 的安全库存聚集。而成品 _01 和成品 _03 之间的相关性为 0.174，成品 _02 和成品 _04 之间的相关性为 0.184，因此将成品 _01 和成

品 _03、成品 _02 和成品 _04 的安全库存聚集。其中成品 _01 和成品 _03 的安全库存设置在区域配送中心 _ 亚特兰大、区域配送中心 _ 芝加哥、区域配送中心 _ 哈里斯堡，成品 _02 和成品 _04 的安全库存设置在区域配送中心 _ 达拉斯、区域配送中心 _ 萨克拉门托。同时，在中央配送中心 _ 路易斯维尔设置成品 _01 和成品 _03 的安全库存，在中央配送中心 _ 丹佛设置成品 _02 和成品 _04 的安全库存。

聚集后的安全库存分布如图 9–12 所示。

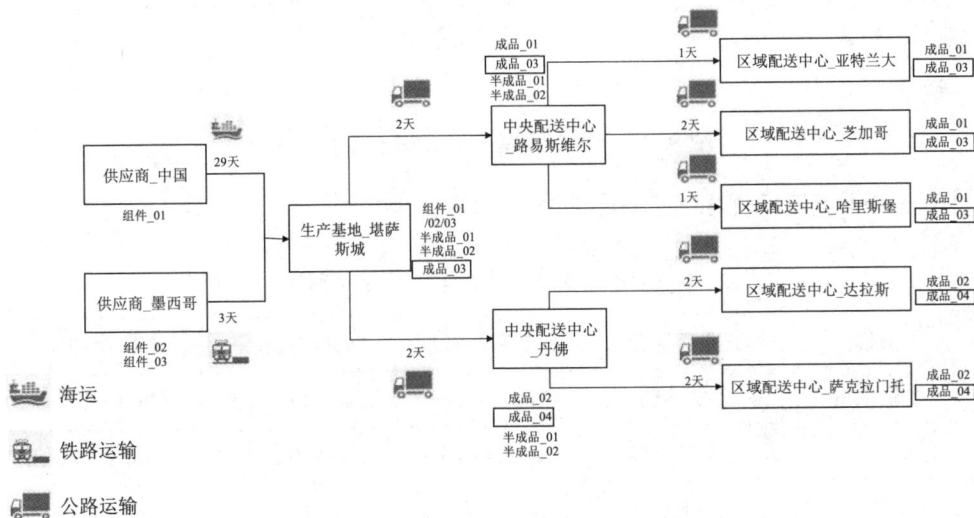

图 9–12　集中策略方案二安全库存分布

方案三：对站点和产品同时进行安全库存聚集。

在方案一和方案二的基础上，对产品和站点的安全库存同时进行聚集。依据相关性原则和与 CDC 的距离，选取区域配送中心 _ 哈里斯堡和区域配送中心 _ 达拉斯，在前者设置成品 _01 和成品 _03 的安全库存，在后者设置成品 _02 和成品 _04 的安全库存，其余 RDC 不设置安全库存。

聚集后的安全库存分布如图 9–13 所示。

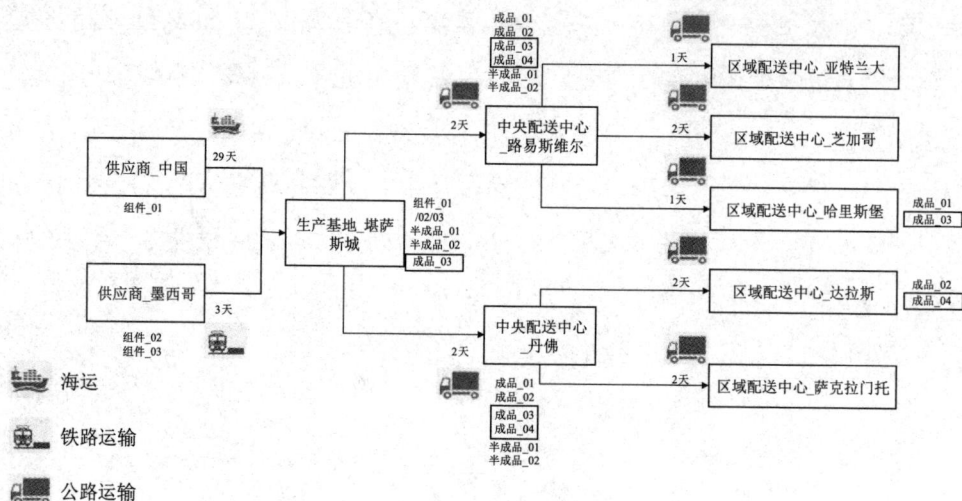

图 9-13　集中策略方案三安全库存分布

集中策略方案优化结果对比如表 9-13 所示。

表 9-13　集中策略方案优化结果对比

情景	安全库存量	安全库存成本	总库存量	库存总成本
基线模型	18 315	24 7254.208	247 673.214 5	3 706 613.268
方案一	11 626	235 184.955 8	245 410.214 5	2 706 613.268
方案二	17 863	214 686.549 3	247 497.214 5	2 774 045.61
方案三	10 979	227 685.742 6	244 213.189 9	2 672 966.398

三种方案的优化结果与基线模型的运行结果相比，安全库存量、安全库存成本、总库存量以及库存总成本都有所下降，但下降程度不同。其中各项指标的下降率如表 9-14 所示。

表 9–14 集中策略方案优化指标下降率对比

情景	安全库存量下降率	安全库存成本下降率	总库存量下降率	库存总成本下降率
方案一	36.52%	4.88%	0.91%	26.98%
方案二	2.47%	13.17%	0.07%	25.16%
方案三	40.05%	7.91%	1.40%	27.89%

从表 9–14 可以看到，对站点和产品同时进行安全库存聚集的方案三，各项指标的下降率最高，优化效果最明显。同时也可以看到对站点进行安全库存聚集的优化效果比对产品进行安全库存聚集的优化效果更明显。

9.3.3 方案比选

选择推拉策略方案、集中策略方案三的优化结果与基线模型进行对比，如表 9–15 所示。两种优化策略都大幅降低了安全库存量，相较于基线模型分别下降了 39% 和 40%。两种优化策略都降低了安全库存成本，在推拉策略下，安全库存成本降低更为明显，这与本案例不计算供应商库存有一定的关系。集中策略对库存总成本产生了显著影响，说明集中策略对周转库存优化有一定的作用。

表 9–15 方案结果对比

情景	安全库存量	安全库存成本	库存总成本
基线模型	18 315	247 254.208	3 706 613.268
推拉策略方案	11 203	92 740.038 08	3 552 099.098
集中策略方案三	10 979	227 685.742 6	2 672 966.398

本案例将推拉策略和集中策略作为两种独立策略分别对安全库存进行优化，这两种策略也可以作为递进策略对安全库存进行分阶段优化。优化是一个不断递进的过程，在初步优化的基础上，可以进行更细致的优化。比如本案例中设置各站点的客户服务水平为 95%，可以考虑在不同站点设置适合该站点的客户服务水平，同一站点的不同产品也可以设置不同的客户服务水平。针对"提前期"，本

案例仅研究了推拉策略优化方案。优化方案较为单一，后续可在提前期波动性方面加以研究。可以对提前期的波动进行模拟和仿真，以规定提前期的波动范围。集中策略和分散策略除了考虑产品相关性，还可以考虑运输时间与成本、订单响应率等因素。权衡方案时还可以融入更多权衡因素，比如与单位销售额相关的成本等。